A profundidad

En busca de la verdad

A profundidad

Para entender
lo que crees
de Dios y
por qué creerlo

GREGG R. ALLISON

¡Español!

NASHVILLE, TENNESSEE

© 2005 por Gregg R. Allison
Publicado por Broadman & Holman Publishers
Nashville, Tennessee 37234

Publicado originalmente en inglés con el título *Getting Deep*
© 2002 by Gregg R. Allison
Publicado por Broadman & Holman Publishers

Traducción al español: Sandra R. Leoni
Revisión y estilo: Cecilia Romanenghi de De Francesco

Tipografía de la edición castellana:
A&W Publishing Electronic Services, Inc.

ISBN-10 0-8054-3075-X
ISBN-13 978-0-8054-3075-2

Clasificación decimal Dewey: 230
Temas: JESUCRISTO / TEOLOGÍA DOCTRINAL

Impreso en EE.UU.

1 2 3 4 5 09 08 07 06 05

Índice

Acerca de. . .

Tú

Un estudiante que ama a Dios, comprometido con tu fe en Jesucristo o al menos interesado y dispuesto a explorar el tema de la cristiandad. Cansado de respuestas fanfarronas y oportunistas. Motivado por debates más profundos, incluso por una teología profunda. (Ver más abajo.) Sin miedo a debatir sobre un tema, a dejarlo en suspenso y luego volver a intentar una vez más entenderlo. Pero no sólo en teoría; tiene que dar resultado, producir un cambio. Seguro de que en esta realidad misteriosa, a la que llamamos existencia humana, contamos con una Palabra de Dios, infalible y veraz, que nos ilumina para que podamos moldear nuestra experiencia, de tal forma, que podamos conocer y complacer a Dios.

Yo

Soy el papá de tres estudiantes, una está en la universidad, el otro en la escuela secundaria y estoy criando al tercero. Esposo de la *mejor* mujer. Adoro a Dios y me divierto al dirigir las reuniones de la junta, al enseñar en la escuela dominical, al resolver las dificultades y al disfrutar de mis amigos en la iglesia. Soy profesor de teología. (Ver más abajo.) He sido pastor, misionero, ministro de estudiantes universitarios, entrenador de fútbol (de niños), de béisbol (en las ligas menores) y editor. Soy hincha de los equipos de béisbol estadounidenses. Quiero a Dios y a mis estudiantes.

Dios

El tema de este libro. El ÚNICO tema. En realidad, la razón de todo lo que existe. "Porque en él vivimos, y nos movemos, y somos" (Hechos

17:28). Esto nos incluye a ti y a mí. No hay nada más importante que Dios.

La teología

Es el estudio de Dios basado en lo que Él revela de sí mismo en toda la Biblia. Un estudio organizado al detalle por tema y explicado en forma clara para que se lo pueda entender y poner en práctica. Algunas veces llamamos a estos temas *doctrinas*. Una *doctrina* es una verdad que se basa en lo que la Biblia afirma y que impacta nuestra vida de forma tal que genera un cambio. También podemos llamarlos *creencias*. Una *creencia* es una verdad que los cristianos afirman usualmente, tanto los de hoy como aquellos que han formado parte de la iglesia cristiana en estos dos mil años de existencia. Las creencias también se basan en las enseñanzas de la Biblia e influyen no sólo en lo que pensamos sino también en toda nuestra vida. Como este libro es parte de la serie *"Busquemos la verdad"*, podemos llamar a estos temas cruciales *verdades*. Una *verdad* es una idea infalible de la realidad. Si afirmo que las paredes de mi oficina están pintadas de blanco, es verdad, pero si digo que son verdes cometo un error. Las verdades que investigaremos en este libro están en la Biblia. Cuando estés convencido de ellas, te insto a que las reafirmes para que se produzca el cambio en tu vida. La teología estudia las doctrinas, las creencias y las verdades como temas principales.

Este libro

Trata acerca de ti, de mí, de Dios y de la teología. Abarca mucho material acerca de Dios. En cierto sentido, podemos pasarnos toda la vida hablando de Él y nunca llegaremos al final. Sin embargo, en otro sentido, ciertas doctrinas (o creencias o verdades) te ayudarán a profundizar tu conocimiento y relación con Dios, y eso es lo que me he propuesto. Tomaré pasajes clave de las Escrituras y te ayudaré a entender lo que nos dicen sobre Dios. También presentaré a Dios desde la perspectiva de lo que la Biblia toda enseña acerca de Él. Aunque me concentraré en ciertas partes clave de la Escritura, quiero que sepas que estos pasajes están considerados a la luz de lo que la Biblia afirma acerca de Dios. Además te contaré mis propias experiencias con Él. A cambio, espero que logres una mayor comprensión de Él y que puedas experimentarlo de una manera nueva y poderosa. Te daré preguntas para que te cuestiones y te sugeriré actividades para hacer que te animen a profundizar este entendimiento y esta vivencia. A medida que Dios, tú y yo trabajemos unidos en este proceso, ¡elaboraremos una estupenda teología!

Malteadas de chocolate y la pregunta acerca de Dios

CAPÍTULO 1

"¿Crees en Dios?… ¿Por qué?"

Fue la pregunta de un estudiante de 18 años, pero todos los que estaban sentados a la mesa asintieron ante el mismo interrogante. El grupo estaba interesado en debatir este asunto.

¿Era una clase de escuela dominical? ¿Un grupo juvenil? No, inténtalo otra vez. ¿Qué te parece si te digo que era una clase de introducción a la filosofía, un curso de filosofía donde yo, probablemente, era el único cristiano? Aún así, esta fue la pregunta que los estudiantes quisieron debatir.

En realidad el curso ya había terminado. Durante cinco meses nos habíamos abocado a responder las preguntas clave de la filosofía: ¿Cuál es la verdad? ¿Qué sabemos? ¿Qué es el bien y qué es el mal? ¿Existe Dios? Hacía media hora que había juntado los exámenes e invitado a mis alumnos a la cafetería de enfrente, *Al's Café*. Quería recompensarlos por el gran esfuerzo que habían hecho en este curso. ¡Malteadas de chocolate en *Al's Café* , donde se sirven los mejores batidos del mundo!

Creía que después del prolongado curso y de lo difícil que había sido el examen final, lo último de lo que mis alumnos hablarían sería del mismo tema. Pero me equivoqué y quedé gratamente sorprendido. La primera pregunta que hicieron después que les sirvieron las malteadas fue la pregunta acerca de Dios. En realidad, ¡fue lo único de lo que quisieron hablar y seguimos hablando durante casi una hora!

La pregunta acerca de Dios

"*¿Crees en Dios?... ¿Por qué?*" ¿Alguna vez te hiciste esta pregunta? ¿Cómo la responderías? Como estás leyendo este libro, me imagino que te lo habrás preguntado y tal vez, se lo hayas preguntado a otros. Quiero contarte lo que les respondí a mis alumnos de filosofía mientras tomábamos las malteadas. Por supuesto que esta pregunta llevó a hacer otras preguntas: ¿Quién es Dios? ¿Cómo es Dios? ¿Podemos en realidad conocerlo? ¿Podemos ser como Él? Veremos estos cuestionamientos también.

La creencia en Dios es universal

Creo en Dios. Hasta donde puedo recordar, siempre he creído en Él. Cuando mis padres me enseñaron a orar, yo era un niño. Dios era el receptor de mis sencillas plegarias. Al crecer, creí que Dios me amaba, aunque se enojaba cuando hacía algo mal y se ponía contento cuando hacía las cosas bien. Traté de complacerlo al vivir una vida sana y sin meterme en problemas, ¡lo cual no fue fácil para un adolescente! Lo interesante fue que todos mis amigos creían en Dios como yo. Hasta el día de hoy, aún me sorprende ver que las personas con las que me encuentro (niños, adolescentes, estudiantes universitarios, trabajadores, ancianos, personas de diferentes continentes, hombres y mujeres, ricos y pobres, instruidos y sencillos, cristianos, judíos, musulmanes e hindúes) creen en Dios. Para resumir, la creencia en Dios es universal.

Pero, ¿cómo podemos explicar este fenómeno? Hay en realidad cinco evidencias que nos llevan a creer en la existencia de Dios.

Los seres humanos tienen un sentido innato de Dios

Las personas, de dondequiera que sean, simplemente sienten que Dios existe. A esta creencia universal se la llama *conciencia innata de Dios*. Si pensáramos que las personas son computadoras, podríamos decir que todos estamos cableados con la noción de Dios. Nacemos con esta conciencia, todos la tenemos, y aunque lo intentemos, nunca nos desharemos de ella. ¿Y qué de los ateos que proclaman no creer en Dios? Hay un viejo refrán que dice:: "No hay ateos en las trincheras". (Las trincheras son las zanjas que los soldados cavan en la tierra para meterse cuando los atacan con tiros y bombas en la guerra.) En los momentos de peligro de muerte, cuando la vida de la gente corre serios riesgos, es cuando busca la ayuda de Dios para salvarse de la muerte. Esos momentos también pueden darse en situaciones de enfermedades terminales o de accidentes automovilísticos casi fatales. Cualesquiera sean las circunstancias, es en esos momentos, cuando la vida pende de un hilo y se está entre la vida y la muerte, que nuestro sentido innato de Dios aparece, aún en aquellos que dicen que no hay Dios. Entonces, hasta ellos lo sienten.

Este sentido innato de Dios explica otro fenómeno que vemos a nuestro alrededor: las personas son religiosas. No me refiero a los cristianos que van a la iglesia o a los judíos que van a las sinagogas, aunque esto es una parte. En todo el mundo, los musulmanes van a la mezquita a observar celebraciones santas como Ramadán; los budistas practican el arte de negarse a sí mismos para tratar de alcanzar su nirvana; las personas que participan en el movimiento de la Nueva Era tratan de avivar la chispa del dios que está dentro de ellos; hasta los paganos adoran a los árboles, los ríos y los vientos. Sin lugar a dudas, muchas de estas prácticas no tienen nada que ver con el cristianismo y la adoración a Dios por medio de Jesucristo, pero nos dan testimonio de que las personas son de por sí religiosas. Esto también destaca que tienen un sentido innato de Dios. Las personas creen en Dios porque Él puso esa creencia en sus corazones.

La Biblia lo expresa. El apóstol Pablo lo describe cuando habla con los filósofos en Atenas: "Varones atenienses, en todo observo que sois muy religiosos; porque pasando y mirando vuestros santuarios, hallé también un altar en el cual estaba esta inscripción:

AL DIOS NO CONOCIDO.

Al que vosotros adoráis, pues, sin conocerle, es a quien yo os anuncio" (Hechos 17:22–23).

El sentido innato de Dios era tan fuerte en estas personas que participaban en la adoración de ídolos, estatuas hechas de madera o piedra. Para asegurarse de que no se hubieran olvidado de alguno en su devocional religioso, estos filósofos habían construido un altar para el Dios verdadero, sin siquiera conocerlo, aunque creían en su existencia. Pablo les explica que Dios fue el creador de todo: de los cielos, de la tierra y de las naciones del mundo. Además les dijo: "para que busquen a Dios, si en alguna manera, palpando, puedan hallarle, aunque ciertamente no está lejos de cada uno de nosotros. Porque en él vivimos, y nos movemos, y somos; como algunos de vuestros propios poetas también han dicho: Porque linaje suyo somos" (Hechos 17:27-28). Pablo confirmó que los instintos básicos de la adoración a Dios de los filósofos respondían exactamente a la manera en que Dios los había planeado. Todos creen en Dios porque Él mismo es quien puso esta conciencia en ellos.

Dios se revela a sí mismo en la creación

La canción titulada "*Evidence of God*" (Evidencia de Dios) explica la segunda razón por la cual la gente cree en Dios: *su revelación en la creación*.

Creo que William Shakespeare vivió,
Aunque no lo haya conocido
Porque a los diecisiete
A *Romeo y Julieta* he leído.

Y creo que hubo un pintor
Que Miguel Ángel se llamó,
Porque en una iglesia de Roma
con amor su obra dejó.

CORO:
En cada montaña, en cada valle,
Su creación me envuelve.
Cada vez que respiro
Y mi corazón late,
Cada atardecer que tú vienes a mí,
Esto y mucho más
Me cuentan la historia que no puedo ignorar
De la evidencia de Dios.

Así como el alfarero modela el barro
Y deja la evidencia,
Nuestro Padre hace lo mismo
Y en su creación se muestra.
Así es que podemos creer en un Dios que no vemos,
    ni escuchamos, ni tocamos.
Si abriésemos nuestros ojos

Veríamos su obra
Está toda a nuestro alrededor.[1]

Dios nos da señales claras de su existencia por medio de las cosas que Él ha creado. Su creación es la evidencia de que existe. La Biblia nos dice que esa revelación en la creación es la clave para que todos crean en Dios. La creación tiene la habilidad de comunicar este mensaje a cada persona en este mundo sin tener que usar palabras:

Los cielos cuentan la gloria de Dios,
    y el firmamento anuncia la obra de sus manos.
Un día emite palabra a otro día,
    Y una noche a otra noche declara sabiduría.
No hay lenguaje, ni palabras,
    Ni es oída su voz.
Por toda la tierra salió su voz,
    Y hasta el extremo del mundo sus palabras. (Salmos 19:1-4)

Pablo afirma también la importancia de la creación como evidencia de la existencia de Dios: "Porque la ira de Dios se revela desde el cielo contra toda impiedad e injusticia de los hombres que detienen con injusticia la verdad; porque lo que de Dios se conoce les es manifiesto, pues Dios se lo manifestó. Porque las cosas invisibles de él, su eterno poder y deidad, se hacen claramente visibles desde la creación del mundo, siendo entendidas por medio de las cosas hechas, de modo que no tienen excusa" (Romanos 1:18–20).

¿Qué podemos aprender acerca de Dios a partir de su revelación en la creación? Primero, sabemos que Dios existe. El sol, la luna y las estrellas, las plantas y los animales, los seres humanos y todo lo demás que existe no se pudo crear a sí mismo; al contrario, toda la creación refleja una maravillosa destreza hecha realidad por Dios, el Creador. La creación testifica de la realidad del Creador. Segundo, conocemos cómo es este Creador, cuál es el carácter de Dios. Cuando pensamos en la altura de las montañas, en la inmensidad de los océanos, en el colorido de los pájaros y de los peces, en el brillo de los atardeceres, en el poder de los vientos, en la capacidad de los médicos y en la creatividad de los artistas, ¿qué aprendemos acerca del Dios que creó estas cosas? Podemos entender con certeza que es un Creador todopoderoso, creativo, amante de la belleza, sabio y hábil. El propósito de la revelación es producir un cierto efecto en nosotros cuando observamos la creación. ¡Nos debería llevar a glorificar a este Dios magnífico: a adorarlo, a alabarlo por sus obras imponentes y a agradecerle!

¿La historia termina aquí? No, lamentablemente nuestra respuesta a la revelación de Dios en la creación es la equivocada. En vez de reconocer que Dios nos creó, nos apartamos de esta verdad. Cambiamos la verdad para creer en una mentira. Por ejemplo, algunas personas piensan que las cosas que Dios creó, como el sol, las montañas, el fuego y el bosque, son dioses a los que debemos adorar. Otros creen que el mundo y todo lo que en él hay ha evolucionado con el transcurso del tiempo y se ha convertido en lo que hoy es, y que Dios tiene muy poco o nada que ver con este proceso de evolución. Algunos van un poco más allá y creen que seres extraterrestres de otros planetas vinieron a crear la tierra. En la película *Misión a Marte*, por ejemplo, se ve a un marciano que trae ADN (el componente básico de toda vida) a la tierra, a bordo de la nave espacial, y que a partir de ese ADN comienzan las primeras formas de vida que luego se transforman en plantas, en animales y hasta en seres humanos.

Pablo les habla con severidad a aquellos que no aceptan el papel de Dios en la creación: "Pues habiendo conocido a Dios, no le glorificaron como a Dios, ni le dieron gracias, sino que se envanecieron en sus razonamientos, y su necio corazón fue entenebrecido. Profesando ser sabios, se hicieron necios" (Romanos 1:21–22).

Aunque podemos ver con claridad la revelación de Dios en la creación, respondemos equivocadamente. Esto nos augura condenación. De hecho, Pablo nos dice: "de modo que no tienen excusa" (Romanos 1:20) porque malinterpretamos y usamos en forma errónea la evidencia. Aquello con lo cual Dios se propuso ayudarnos a creer en su existencia y permitirnos conocer algo de su carácter, un día será la evidencia usada en nuestra contra, porque cuando nos enfrentemos a Dios y Él nos pregunte por qué no lo honramos, nadie podrá decir: "¡No sabía que existías!" Dios ha puesto demasiadas evidencias de sí mismo en la creación como para que nosotros le demos esta excusa.

Dios se revela a sí mismo en la providencia

La tercera razón que lleva a las personas a creer en Dios es su *revelación en la providencia*, el cuidado que tiene por el mundo. ¿Te has puesto a pensar que el mero hecho de tener comida en tu plato cada día da testimonio de Dios y de su bondad? La Biblia habla de que vivimos en un mundo que sigue su curso bajo la cuidadosa dirección de Dios. Durante uno de los primeros viajes misioneros, Pablo y Bernabé fueron a la ciudad de Listra. Después de sanar a un hombre cojo, la multitud los acosó, los campesinos pensaban que los apóstoles que habían realizado el milagro eran dioses. Pablo y Bernabé aprovecharon la oportunidad para explicarles quién era el Dios verdadero: "diciendo: Varones, ¿por qué hacéis esto? Nosotros también somos hombres semejantes a vosotros, que os anunciamos que de estas vanidades os convirtáis al Dios vivo, que hizo el cielo y la tierra, el mar, y todo lo que en ellos hay. En las edades pasadas él ha dejado a todas las gentes andar en sus propios caminos; si bien no se dejó a sí mismo sin testimonio, haciendo bien, dándonos lluvias del cielo y tiempos fructíferos, llenando de sustento y de alegría nuestros corazones" (Hechos 14:15–17).

Siempre ha habido un testimonio de la existencia de Dios. Recordatorios de su cuidado al proveer a las personas los elementos esenciales para vivir y ser felices. Las estaciones, las lluvias, las cosechas de trigo y maíz, y los alimentos que comemos nos muestran características importantes de Dios: Él es bueno, es un Padre que nos cuida y que le da a sus hijos mientras gobierna el mundo. Una vez más, la revelación tiene el propósito de causar cierto efecto en nosotros al considerar la providencia de Dios en nuestra vida. ¡Nos debería llevar a glorificar a este Dios bondadoso, por medio de la adoración, de la alabanza por sus imponentes obras y del agradecimiento! Una sencilla oración de acción de gracias antes de comer o el reconocimiento de lo que Dios nos ha ayudado a lograr son maneras de responder a la revelación de Dios.

Sin embargo, otra vez más, fallamos. En lugar de reconocer que Dios es quien se ocupa de nosotros y provee para nuestras necesidades, le otorgamos el reconocimiento a alguien o a algo más. Me sorprende cuando escucho en las noticias acerca de personas que han sobrevivido a tornados o huracanes y que dicen: "¡Es que estaba en el lugar apropiado en el momento apropiado!" Le adjudican a la casualidad la virtud de haberles salvado la vida. ¿O qué me dices de los que sobrevivieron a peligrosísimos accidentes automovilísticos y salieron ilesos? "¡Hoy tuve suerte!". Se lo atribuyen al destino y no a Dios. Estoy seguro de que han oído hablar del hombre o de la mujer autosuficiente. ¿A quién le atribuyen esta cualidad? *Ellos* han trabajado arduamente, *ellos* se han sacrificado y *ellos* han logrado lo que son hoy: Dios queda fuera de la escena. Recuerden que Pablo se dirige a aquellos que no le atribuyen a Dios lo que Él merece, con estas severas palabras: "que de estas vanidades os convirtáis al Dios vivo".

Nuestra conciencia recalca la existencia de Dios

La cuarta razón para creer en Dios es la *conciencia humana*. Todas las personas tienen una brújula moral, un sentido del bien y el mal, y esto da testimonio de Dios. Pablo lo describe cuando habla de las diferencias entre los judíos, quienes contaban con la ley de Dios que les decía lo que estaba bien y mal, y los gentiles (todos aquellos que no eran judíos). Los gentiles no tenían esta ley, pero esto no los ponía en desventaja porque el sentido del bien y el mal está en cada persona: "Porque todos los que sin ley han pecado, sin ley también perecerán; y todos los que bajo la ley han pecado, por la ley serán juzgados; porque no son los oidores de la ley los justos ante Dios, sino los hacedores de la ley serán justificados. Porque cuando los gentiles que no tienen ley, hacen por naturaleza lo que es de la ley, éstos, aunque no tengan ley, son ley para sí mismos, mostrando la obra de la ley escrita en sus corazones, dando testimonio su conciencia, y acusándoles o defendiéndoles sus razonamientos" (Romanos 2:12–15).

Hasta los gentiles, que no tenían la ley, conocían de manera instintiva la diferencia entre el bien y el mal gracias a su conciencia. La gente en cualquier lugar y tiempo sabe que asesinar a otra persona está mal y que decir mentiras no está bien. Poseen este sentido moral en su corazón.

¿De qué manera este conocimiento instintivo ayuda a la gente a creer en Dios? Bueno, ¿de dónde proviene este sentido universal del bien y del mal? No proviene meramente de la crianza en un determinado tipo de familia, porque esta brújula moral va más allá de los lineamientos familiares. Tampoco surge por vivir en un determinado país, porque este sentido del bien y del mal traspasa los límites de la frontera. Tampoco se desarrolla en un cierto período de la historia, porque esta pauta fue la misma en las centurias pasadas. Más bien, proviene de la naturaleza del ser humano, del corazón que Dios le dio para conocer el bien y el mal. Además, esta conciencia humana nos dice algo importante acerca de Dios: Él es el que determina cuál es el bien y el mal, y espera que las personas obren bien y se aparten del mal. En realidad, existe un sentido universal que nos dice que cuando muramos seremos juzgados por lo que hicimos en esta vida. Esto nos hace ver a Dios en su papel de juez y alienta a las personas a vivir de la manera que Él espera.

Entonces, ¿qué hace la gente con esta brújula del bien y el mal que les señala a Dios? Pablo tiene algo de esperanza en cuanto a las personas cuando escribe: "dando testimonio su conciencia, y acusándoles o defendiéndoles sus razonamientos". Quizá hayas experimentado la presión de tus amigos para que pruebes drogas, cometas inmoralidades sexuales o participes de algún tipo de delito, pero sin embargo, te negaste a hacerlo. Si es así, entonces conoces esta sensación de confirmación que aparece cuando haces lo que está bien. ¡Tu corazón te felicita por lo que hiciste!

Pero también, todos hemos experimentado lo opuesto. La traición a un amigo, el comentario agresivo para herir a otros y quedar nosotros bien, y hasta la desobediencia flagrante por el simple hecho de rebelarse. Estas malas acciones van acompañadas de un sentimiento de culpa, vergüenza y humillación (aún en el caso de que nadie nos haya visto o sepa lo que hemos hecho). Este es el sentimiento que comienza a gestarse cuando se pone en marcha el ciclo de hacer lo incorrecto. Después de un tiempo, la vergüenza desaparece y las personas dejan la culpa de lado. Hasta quizá la emoción de hacer el mal reemplace a la humillación. Después de un tiempo, las personas se acostumbran a hacer el mal, esto pasa a ser su instinto y es más fácil escoger hacer el mal otra vez. Sin embargo, incluso entre aquellos que han llegado a sentirse totalmente cómodos con la mala conducta, he visto que ellos mismos odian la hipocresía de su propia vida. A pesar de que la brújula moral ha dejado de funcionar prácticamente, aún se aferran a algunas cosas que consideran que están bien. Pero no pueden lograr ni siquiera eso. Las palabras de Pablo resuenan en un eco audible: "dando testimonio su conciencia, y acusándoles o defendiéndoles sus razonamientos".

Nuestra conciencia humana está diseñada para darnos un firme puntero que nos señala que debemos creer en Dios. Pero la esperanza de que sigamos su indicación se desmorona. Aprendemos a deshacernos de la vergüenza que sentimos, o deberíamos sentir, cuando hacemos algo malo. Descartamos nuestros sentimientos de culpa como irrazonables.

Menoscabamos nuestras reglas, pensando que esto nos hará sentir bien al no vivir de acuerdo a las altas expectativas que teníamos antes. Pero aún así, nos remuerde saber que las cosas no están bien. El remordimiento de conciencia delata el incumplimiento de la ley de Dios. Tratamos de justificarnos diciéndonos que nuestro sentido moral es el producto de nuestra crianza o de la sociedad, pero no de Dios. Y como somos más extraordinarios que nuestra familia o nuestra sociedad, podemos hacer lo que nos plazca. Cuando tratamos de deshacernos de nuestra conciencia de Dios, caemos en un túnel sin salida. Nos enfrentamos airados a Dios diciéndole: "¡No puedes determinar lo que está bien o mal para mí! ¡No puedes hacerme responsable por hacer el bien y evitar el mal! ¡Nunca podrás ser el juez de mis acciones, ni ahora ni en el futuro". A pesar de todas nuestras protestas, nuestro corazón lo sabe, porque Dios es quien ha puesto allí nuestra conciencia.

A estas cuatro razones que he presentado para creer en Dios se las llama *revelación general* porque son consideraciones válidas para *todas* las personas en *todos* los tiempos y en *todos* los lugares. Cada persona dondequiera que esté, posee una conciencia innata de Dios; cada persona dondequiera que esté, ve la revelación de Dios en la creación, experimenta la revelación en la providencia de Dios y posee una conciencia. ¡No te sorprenda entonces que creer en Dios sea algo tan común y difundido!

La Biblia revela a Dios de un modo específico

La quinta y última manera que nos lleva a creer en Dios es un poco diferente y da lugar a otra categoría de razones por las cuales las personas creen en Él. Se las llama *revelaciones especiales* porque están dirigidas sólo a *ciertas* personas en *cierto* tiempo y en *ciertos* lugares. La *Biblia* es una revelación especial de Dios. Les habla a las personas acerca de la existencia de Dios y lo describe. La Biblia, sin embargo, no trata de probar la existencia de Dios. La da por sentado. Fíjate que comienza diciendo: "En el principio creó Dios los cielos y la tierra" (Génesis 1:1). Acá vemos la mayor suposición de la Biblia: Dios existe.

Por medio de historias, poesías, visiones del futuro, evangelios, cartas y demás, la Biblia continúa relatando cómo es Dios. ¿Qué podemos aprender acerca de Dios en la Biblia? Podemos aprender que es amor, bondadoso con todos, poderoso, enemigo del pecado, que se complace en la fe y en la obediencia, que es misericordioso y perdonador, digno de recibir adoración y mucho más. En realidad, si hiciéramos una lista de lo que podemos aprender acerca de Dios a partir de su revelación general y la comparáramos con la lista de lo que nosotros sabemos a partir de su revelación especial en la Biblia, ¡ambas serían idénticas! La Biblia confirma lo que podemos saber de Dios por medio de la creación, la providencia y así sucesivamente. No hay conflicto entre las dos revelaciones. La Escritura agrega algunas cosas que no podemos saber de Dios a través de la revelación general, como por ejemplo, que Él es tres personas: Padre, Hijo y Espíritu Santo. La Escritura presenta un modo más completo de conocer a Dios.

Este es el motivo clave por el cual a ti y a mí, como seguidores de Jesucristo, se nos ha asignado la tarea de comunicar el mensaje de la Biblia a otros. Es la revelación más completa que poseemos para guiar a las personas en su creencia de Dios. También hemos visto cómo cada una de las demás revelaciones ha fallado en cierto modo. Recuerda, este fracaso no depende de las revelaciones en sí. El sentido innato de Dios aún es fuerte en la gente; la revelación en la creación se despliega en forma maravillosa a la vista de todos, la revelación en la providencia se experimenta cada día en aquel que tiene alimento para comer y la conciencia humana continúa reprobando lo que hacemos mal y confirmando lo que hacemos bien. La información no es el problema, el problema yace en cómo la procesamos. La naturaleza humana tiende a adquirir la información constantemente pero llega a conclusiones erróneas: la gente adora a otras cosas o a personas en lugar de a Dios, buscan su origen en la evolución o los extraterrestres en lugar de hacerlo en Dios, reconocen a la suerte o al destino como fuente de su buena fortuna en lugar de reconocer a Dios y dejan de lado su ley moral para reemplazarla por sus propias pautas. Por eso tienen una gran necesidad de tener una palabra certera de Dios que pueda superar todo error humano y llevarlos al camino que los conduce a Dios. La Biblia es la Palabra de Dios que podemos compartir con los demás para que suceda justamente eso.

Mientras mis estudiantes de filosofía y yo nos tomábamos las malteadas de chocolate en el *Al's Café* y debatíamos acerca de la existencia de Dios, me di cuenta de que tenía que presentarles su Palabra si quería que tuvieran la más clara y precisa revelación de Él. A medida que les hablaba acerca de la Biblia, los desafié a que la leyeran para que tuvieran el testimonio que los llevara a creer en Dios. Lo que más me entusiasma de esta historia es que se repite cada vez que tú y yo queremos compartir la Palabra con otra persona. Piensa: cada día, millones de cristianos en el mundo lo hacen. ¡No puede haber nada mejor que formar parte de un movimiento como este!

PARA REFLEXIONAR Y PONER EN PRÁCTICA Por qué no le haces a alguno de tus amigos la misma pregunta que me hicieron los alumnos de filosofía mientras nos tomábamos unas malteadas de chocolate: "¿Crees en Dios?… ¿Por qué?" Fíjate cuál de las cinco razones dan. Además, no te olvides de hacerte esta pregunta a ti mismo. Recuerda: Muchas personas se la hacen; es una de las preguntas más importantes que se pueden formular, así que piénsalo con seriedad.

Creer y conocer

CAPÍTULO 2

Mi esposa y yo fuimos parte del plantel de trabajo del ministerio Cruzada Estudiantil y Profesional para Cristo. Nuestra primera tarea fue trabajar con los estudiantes de la universidad de Notre Dame. Una de las técnicas que usábamos para empezar la conversación, era hacerles un cuestionario con preguntas acerca de Dios y de otros temas espirituales. La primera de las preguntas era justamente la que acabamos de comentar: "¿Crees en Dios?" Todos los estudiantes respondían que sí. Sin embargo, a medida que les hacíamos las demás preguntas, notábamos en general, que sus creencias tenían poco o nada de efecto en sus vidas. Algunos meditaban en Dios en ciertas ocasiones y unos pocos oraban con regularidad. Aparte de eso, creer en Dios no tenía ninguna importancia en sus vidas. Esto se ponía en evidencia al responder la última pregunta: "Si pudieras, ¿te interesaría conocer a Dios en persona?" La mayoría quedaba perpleja y sorprendida: "¿Qué quieres decir con conocer a Dios en persona?"

¿Creer o conocer?

¿Crees que hay una gran diferencia entre creer y conocer? Seguro que sí. Ambas son acciones que realizamos comúnmente y que requieren que nos concentremos en algo o alguien fuera de nosotros mismos. Pero hay una gran diferencia entre ambas. Los estudiantes de Notre Dame pueden creer en Dios, pero esa creencia no influye en su manera de vivir. Los filósofos de Atenas o los campesinos de Listra podían creer en Dios, pero lo veneraban de la manera equivocada al adorar a ídolos (estatuas de pájaros, animales o personas). Las personas autosuficientes, no pueden reconocer que Dios es el que les ha dado todas las habilidades que poseen. Sin embargo, los que conocen a Dios, tienen algo más, ¿no te parece? *Conocer* a Dios implica tener una relación personal con Él y esto va más allá de una mera creencia. *Creer* en Dios nos da la idea de alguien que posee información: *Sí, opino que existe un ser divino más grande que yo.* Pero *conocer* parece que requiere confianza, obediencia, compromiso, intimidad: una amistad genuina y significativa. La verdad es que lo que queremos es conocer a Dios, no tan sólo creer en Él. Además, Dios también quiere que lo conozcamos y no tan sólo que creamos en Él.

¿Podemos conocer a Dios?

¿Es posible tener una relación personal con Dios? Una vez tuve una conversación con un amigo agnóstico al que le parece no se puede conocer a Dios. Una vez me dijo: "Aún cuando se pueda conocer a Dios, ¡espero que no se moleste por mí porque en realidad tiene cosas mucho más importantes que hacer, como sostener la existencia del universo y su funcionamiento adecuado!" Visto de ese modo, creo que mi amigo tenía razón. ¿No sería presuntuoso de nuestra parte anhelar poder conocer a Dios? Después de todo, somos criaturas insignificantes cuando consideramos el vasto número de plantas, animales, estrellas y galaxias por los cuales Dios debe preocuparse. Quizá nuestro anhelo está demasiado fuera de lugar. ¿Cómo podemos nosotros, seres tan pequeños y finitos (o limitados) anhelar conocer al Dios perfecto e infinito (o ilimitado)? ¡Parece un disparate!

En cierto modo, mi amigo tiene razón. El perfecto e infinito Dios que creó el universo y lo gobierna es *incomprensible*. No podemos llegar a conocerlo, al menos no en su totalidad. Aunque lo intentemos con todas nuestras fuerzas, al ser seres humanos limitados nunca podremos conocer todo acerca de Dios. En realidad, nunca conoceremos *en su totalidad* ni siquiera un aspecto de Dios. Nunca conoceremos completamente su amor, ni entenderemos su sabiduría, ni seremos capaces de comprender su actuar. Él es incomprensible. Nunca podremos entenderlo totalmente. Pero no dejes que esto te desanime, porque la Biblia afirma que podemos conocer a Dios. No totalmente, por supuesto, debido a que Él es incomprensible. Pero es "conocible".

Escucha lo que dice el profeta Jeremías sobre lo más importante en el mundo, algo tan maravilloso que Dios mismo nos dice para que nos sintamos orgullosos: "Así dijo Jehová: No se alabe el sabio en su sabiduría, ni en su valentía se alabe el valiente, ni el rico se alabe en sus riquezas. Mas alábese en esto el que se hubiere de alabar: en entenderme y conocerme, que yo soy Jehová, que hago misericordia, juicio y justicia en la tierra; porque estas cosas quiero, dice Jehová" (Jeremías 9:23–24).

Aquello de lo que podemos enorgullecernos no viene de una familia rica que nos asegurará la estabilidad económica de por vida, ni de ningún tipo de logro en natación, carreras o básquetbol durante la escuela secundaria. Tampoco viene de ser la reina de la ceremonia de graduación o el jugador estrella y ni siquiera de cantar un solo en el coro, ser el primer violinista o tocar música cristiana en una banda. Tampoco proviene de usar la última ropa de marca o las vestimentas más absurdas. No se trata de ser el más inteligente, sexy o guapo. De lo que podemos estar orgullosos es de conocer a Dios.

Si este es el caso, entonces lo más importante de la vida es conocerlo. Jesús mismo habló de esto cuando definió la vida eterna en una de sus oraciones al Padre: "Y esta es la vida eterna: que te conozcan a ti, el único Dios verdadero, y a Jesucristo, a quien has enviado" (Juan 17:3). Aunque muchos pueden pensar que la vida eterna es una realidad que comienza después de la muerte, una vida que va más allá de nuestra existencia terrenal, se trata, en cambio, de algo que los cristianos ya

PARA REFLEXIONAR Y PONER EN PRÁCTICA Tu turno. ¿Crees que hay alguna diferencia entre creer en Dios y conocer a Dios? ¿Cuál crees que es la mayor diferencia? Al evaluar tu vida, ¿puedes decir que crees en Dios o que lo conoces? ¿Qué tendrías que hacer para pasar de creer en Dios a conocerlo? Tal vez conozcas a alguien que cree en Dios, pero quieres ayudar a ese amigo a que lo conozca. ¿Qué piensas que puedes hacer para ayudarlo en este proceso?

poseemos. Consiste en conocer a Dios, es decir, en disfrutar de una relación personal con Él y con su Hijo Jesucristo. La Biblia deja en claro que es posible conocer a Dios y que esta es la esencia de la vida misma. Aunque no podamos conocerlo por completo, ni siquiera un solo aspecto de Dios en su totalidad, podemos conocerlo a través de una relación personal con Él y con su Hijo.

El misterio de la identidad de Dios

CAPÍTULO 3

"¡Nora, lo único que necesitas es creer en Dios!"

"¿Pero quién es Dios, y cómo es?"

Mi esposa Nora, en su niñez, era demasiado inquisitiva. Cuando la gente la animaba a creer en Dios, ella siempre estaba lista para preguntar acerca de la identidad de este Dios. Siempre formulaba la misma pregunta, ya se tratase de un pariente o amigo, y esperaba que se la respondieran. Una de sus mayores frustraciones era no recibir una respuesta convincente. Al ir creciendo, las respuestas fueron más sofisticadas, pero nunca escuchó una que la persuadiera. Por ejemplo:

- A los 5 años: "Dios es un viejito con barba larga y blanca que está sentado en un trono en el cielo".
- A los 12 años: "Dios es amor. Dios es bondadoso. Dios es tu conciencia".
- A los 17 años: "Dios es quien ha creado todo lo que vemos".

Cuando estaba terminando la escuela secundaria, Nora comenzó a preguntarse si podría alguna vez conocer a Dios. Al hacer sus maletas para irse a la universidad se llevó consigo la misma pregunta sin respuesta... el misterio de la identidad de Dios: "¿Quién es Dios, y cómo es?".

Definamos a Dios

Cuando las personas llegan a la escuela secundaria se dan cuenta de la importancia de saber escribir buenas definiciones. Una buena definición ayuda a identificar el problema, a aclarar el tema o a evitar malas interpretaciones. En algunos casos, es bastante fácil escribir una buena definición, en especial cuando se refiere a cosas concretas como el deporte o en el caso de los exámenes estandarizados. En otros casos, elaborar una definición es todo un desafío, en especial cuando se trata de cuestiones abstractas como la libertad, la belleza y el amor.

Quizá este fue el problema de la familia y los amigos de Nora cuando les preguntaba acerca de la identidad de Dios. Tal vez, definir a Dios sea una tarea tan compleja que cualquier intento tiende a fracasar. Pero si afirmamos que creemos en Él y decimos que lo conocemos, ¿no es cierto que esta relación personal con Dios implica que sepamos quién es Él y cómo es? ¿No deberíamos ser capaces de definir a Dios: de desentrañar el misterio de su identidad?

¿Cómo es Dios?

Algunas personas intentan dar una definición de Dios aún sabiendo que es una tarea difícil. Deberían ser las primeras en reconocer que cualquier definición limitará a Dios, el cual, por definición, ¡no puede limitarse! Si aceptamos esto, podemos ver que cualquier definición de Dios jugará un papel limitado. Pero si lo tenemos en mente, el intento nos ayudará. Acá tenemos una definición de hace mucho tiempo atrás: "Dios es Espíritu. Es infinito, eterno e inmutable en cuanto a su ser, sabiduría, poder, santidad, justicia, bondad y verdad".[1]

Si miramos bien de cerca esta definición, veremos que define a Dios por medio de una lista de sus atributos, de sus características y de lo que Él es. De la misma manera que nuestros amigos pueden "dar una definición" de nosotros al nombrar las cualidades que tenemos y que les agradan (ser amigables, amables, sinceros, fieles, comprensivos y divertidos), nosotros podemos "definir" a Dios al nombrar sus cualidades y sus atributos. Él es sabio, poderoso, puro, justo, bondadoso y verdadero. Como Dios es infinito, sus atributos son ilimitados: Él es sabio en absoluto, poderoso en todos los aspectos, puro por completo, justo en todas sus acciones, perfectamente bondadoso y veraz en todo tiempo. Como es eterno, nunca tuvo un principio, por tanto no tendrá fin ni tampoco lo tendrán sus atributos. Además, Dios nunca cambia. No puede aprender algo nuevo para ser más inteligente y sabio, ni puede ejercitarse para tener más fortaleza y ser más poderoso. Como nunca hace nada erróneo, no puede dejar de pecar para purificarse y como siempre hace lo que es justo, tampoco puede llegar a ser un mejor soberano del universo. No puede incrementar su bondad para ser más amable, misericordioso, benevolente o amoroso. Como no puede mentir ni quebrantar sus promesas, tampoco puede ser más veraz o fiel. En otras palabras, ¡nunca deberíamos suponer que veremos a un Dios nuevo y mejorado!

¿De qué manera sabemos cómo es Dios?

Si nos abocáramos a la tarea de enumerar las características de Dios, ¿cuáles serían las fuentes de donde obtendríamos el conocimiento de sus atributos? Contamos con dos fuentes para dicha información: la revelación general y la Biblia.

La revelación general. Un experimento interesante sería ir a un centro comercial y buscar a personas que no estén ocupadas para hacerles la misma pregunta que Nora se formuló: "¿Quién es Dios, y cómo es?" Creo que nos sorprenderíamos al hallar una lista similar a la definición que he dado. Cuando las personas piensan en Dios, todos están de acuerdo en que es omnipresente, poderoso y que lo sabe todo. Todos dicen que Dios es bondadoso, que cuida de este mundo y que nos ama. Piensan que es perfecto, santo y justo en todo lo que hace. En otros términos, toda la gente puede confeccionar una lista de las "grandiosas cualidades" de Dios. Esto nos lleva de vuelta a la revelación general. A partir de un sentido innato de Dios, a través de su revelación en la creación y la providencia, y por medio de la conciencia de las personas, la gente puede saber algo acerca de cómo es Dios. Podemos conocer sus atributos por medio de la revelación general. Esta es una fuente de información para que nosotros conozcamos las "grandiosas cualidades" de Dios.

La Biblia. Tal como lo dijimos en el primer capítulo, la Biblia es una revelación más completa de Dios que la revelación general. Mientras debatimos acerca de quién es Dios y cómo es, la mejor fuente para que podamos entender sus características la constituye la Biblia. Allí se confirma lo que sabemos por medio de la revelación general y también se revela importante información adicional que nos ayuda a conocerlo mejor.

Los atributos de Dios

A medida que descubramos quién es Dios al identificar sus características, veremos que su naturaleza consiste en realidad de dos tipos de atributos: sus *atributos incomunicables* y sus *atributos comunicables*. Por un lado, los *atributos incomunicables* son aquellos que sólo Dios posee. No hallamos nada parecido en nosotros. No se reflejan en nuestra vida. Por ejemplo, Dios es independiente. No depende de nada ni de nadie para existir, a diferencia de nosotros que dependemos tanto de Dios como de nuestros padres. Además, Dios es inmutable; nunca cambia. Es todo lo contrario a nosotros, que constantemente estamos cambiando tanto en el aspecto físico, como en el conocimiento y las destrezas, en nuestras relaciones y demás.

Los *atributos comunicables*, por otro lado, son aquellos que compartimos con Dios, o mejor dicho que Él comparte con nosotros. Comparte su naturaleza con nosotros para que algunos de sus atributos se reflejen en nuestra vida. Como Dios es amor, podemos amar, ¿no es verdad? El amor de Dios se refleja en nosotros cuando amamos, aún cuando nuestro amor sea muy limitado, bastante imperfecto y no siempre se exprese de la mejor manera. Dios es veraz, ¿no es cierto? Podemos decir la verdad para que la veracidad de Dios se refleje en nosotros, incluso cuando tenemos luchas para hacerlo y en algunas ocasiones preferimos estirar la verdad o mentir. Dios es fiel, ¿no es cierto? A veces somos fieles para que la fidelidad de Dios se refleje en nosotros, cuando nos comprometemos y cumplimos con las promesas que hemos hecho, aun cuando prometamos cosas que no podemos cumplir o nos comprometamos con cosas que deberíamos evitar. Podríamos seguir dando más ejemplos como estos. De alguna manera somos como Dios y esas características que compartimos con Él constituyen los *atributos comunicables*.

Al comienzo de este capítulo, Nora tan sólo quería una respuesta clara y convincente a su pregunta: "¿Quién es Dios, y cómo es?" En los próximos capítulos trataré de responderla. Les presentaré lo que la Biblia dice acerca de estos dos tipos de atributos de Dios.

PARA REFLEXIONAR Y PONER EN PRÁCTICA

Pregúntales a algunas personas en la escuela cómo es Dios. O pídele a un amigo que te acompañe a un centro comercial y pregúntale a la gente cómo lo describirían. Haz una lista de estas grandiosas cualidades de Dios. Después formúlate la misma pregunta de Nora: "¿Quién es Dios, y cómo es?" ¿Cómo fue tu respuesta en comparación con la que te dio la gente? ¿Observas alguna gran diferencia? ¿Encontraste algunas cualidades que la gente haya mencionado y que pienses que no pertenecen a Dios? ¿Mencionaste características de Dios que las demás personas no mencionaron? ¿Qué diferencia hay entre la idea que tú tienes de Dios y la de las demás personas? ¿Piensas que la diferencia puede darse debido a las distintas fuentes de información acerca de Dios que tú y los demás usaron?

La completa unicidad de Dios

CAPÍTULO 4

Mi esposa y yo habíamos ido unos días a pasear a Canadá para relajarnos. Dimos con una hostería tranquila, retirada del camino, que la administraba una amigable pareja que nos invitó a desayunar con ellos una mañana. Durante la conversación, descubrimos que eran seguidores de Feng Shui, una religión oriental que anima a buscar el equilibrio en las numerosas actividades de la vida y a encontrar la paz con uno mismo y con los demás. Feng Shui también alienta a las personas a ver a Dios de la manera que ellas quieran. Los cristianos pueden creer en Dios de una manera, los que practican el hinduismo, el islamismo, el budismo u otra religión también pueden creer en Dios de la manera que les plazca.

Instamos a esta pareja a que nos contara sus creencias acerca de Dios. Nos dijeron que preferían ver a Dios como un ser compasivo y amoroso: nunca como un juez que condena a alguien por hacer algo malo. Su punto de vista de Dios reflejaba sus ideales debido a que ellos eran extremadamente tolerantes y no juzgaban a nadie. Hicieron énfasis en que todos los seguidores de Feng Shui pueden imaginar a Dios de la manera que quieran y que ellos simplemente estaban compartiendo sus creencias personales acerca de Él. Aunque se hayan podido sentir incómodos por nuestra creencia en un Dios que no sólo es compasivo y amoroso sino que también es perfectamente santo para actuar en contra del pecado, no estuvieron en desacuerdo con nosotros por nuestra creencia.

Mientras continuábamos con esta interesante conversación con dicha pareja, nos impresionó el hecho de que el Dios que los cristianos conocemos y al cual adoramos es completamente diferente a los seres supremos en los que creen otras religiones. Sus "dioses" se asemejan más a los ideales humanos, similares en cierto modo a la gente que cree en ellos.

No hay nadie como Dios

Dios es totalmente único. Pero ni siquiera esto llega a expresar la realidad de su unicidad; es tan "completamente único" que pertenece a una categoría en la que sólo se encuentra Él. Imagínate que tienes que hacer un inventario de todo lo que existe en el universo. Por un lado, tendrás la categoría en donde anotarás a los seres humanos, a los ángeles, a los animales, a las plantas, a las rocas, a las masas de agua, a la atmósfera, a las galaxias, a las estrellas y a todo lo demás. Por otro lado, tendríamos otra categoría sola en la cual lo único que tendríamos apuntado sería a Dios. Esto significa que Dios es completamente diferente de todos los demás seres supremos que dicen poseer el título de "dios". También significa que Dios es completamente diferente de nosotros, los seres humanos. Pero ¿de qué manera es único y completamente diferente de nosotros?

¿De qué manera Dios es único?

La unicidad de Dios se enfatiza por medio de ciertos atributos que lo ubican en una categoría donde sólo está Él. Se llaman los *atributos incomunicables* y son aquellos que sólo Dios posee. No están en nosotros; en realidad, ni siquiera se reflejan en nuestra vida. Dios es único porque es completamente independiente (o autosuficiente), nunca cambia, es eterno y está presente en todas partes.

Dios es independiente

Dios es único porque es completamente *independiente*. No depende de nada ni de nadie para existir. Todo lo demás que existe, incluyéndonos a ti y a mí, somos criaturas dependientes, condicionadas o fortuitas. Ante todo, estamos condicionados por la voluntad y el plan de Dios al crearnos. En segundo lugar, dependemos de nuestros padres. Ellos nos proveen de los componentes básicos —esperma, óvulo, ADN— para nuestra existencia. De hecho, también se hubiera podido dar el caso de que no existiéramos. ¿Y si Dios no hubiera querido que formásemos parte de su plan? ¿Y si nuestros padres no se hubieran unido para procrearnos? Al ser criaturas condicionadas, nuestra existencia depende de otras personas y de otros sucesos. Pero esto no se aplica a Dios. Él no depende de alguien o de algo para existir porque es autosuficiente. El apóstol Pablo enfatiza los atributos de Dios al decir: "El Dios que hizo el mundo y todas las cosas que en él hay, siendo Señor del cielo y de la tierra, no habita en templos hechos por manos humanas, ni es honrado por manos de hombres, como si necesitase de algo; pues él es quien da a todos vida y aliento y todas las cosas" (Hechos 17:24–25).

La prueba de que Dios es independiente y no una criatura que depende de algo o de alguien más, es que Él es el Creador del mundo y de todo lo que existe. Debido a que Él tiene vida en sí mismo, puede darle vida a cualquier otra cosa. Esta es la mayor diferenciación entre el Creador y la criatura: Nuestro Dios, el Creador, es independiente y autosuficiente. Nosotros como sus criaturas, estamos condicionados y dependemos de Él y de los demás para poder existir.

Tal como Pablo lo señala, la independencia de Dios quiere decir que *Él no nos necesita*. Y no sólo eso, sino que *tampoco podría necesitarnos* para nada. ¿Cómo podría necesitar algo nuestro Dios autosuficiente? Él no necesita que lo amemos porque siempre ha existido el amor entre el Padre, el Hijo y el Espíritu Santo. No nos necesita como compañía por la misma razón: el Padre, el Hijo y el Espíritu Santo siempre han disfrutado de una relación personal. (Hablaré más de esto en los capítulos siguientes.) Dios no nos necesita, ni podría necesitarnos, para suplir alguna carencia en Él porque es completo en sí mismo.

Entonces, ¿por qué nos creó? Te daré una respuesta positiva a tu pregunta en el próximo capítulo, pero por ahora te daré una negativa basada en la independencia de Dios. *Él no nos creó porque nos necesita*. Esta es mi respuesta negativa. Debido a su completa autosuficiencia, Dios no nos creó porque *necesita* que lo amemos, que lo sirvamos, que nos relacionemos con Él ni nada parecido. Sin embargo, esta es una condición sumamente importante porque nuestro Dios independiente y autosuficiente nos creó y nuestra existencia, ¡debe tener un significado increíble! El mero hecho de existir como personas creadas por Dios significa que somos criaturas especiales. Somos importantes porque Dios nos creó y nos hizo importantes. Cuando confiamos en Él, cuando leemos su Palabra y lo obedecemos, cuando entendemos su voluntad y la cumplimos, cuando lo adoramos, cuando hacemos cualquier cosa que esté en armonía con su plan, lo complacemos. Por el contrario, cuando tenemos poca fe, cuando lo desobedecemos, cuando elegimos otros caminos en lugar de los de Él, cuando pecamos o hacemos algo en contra de su voluntad, lo afligimos. A pesar de que Dios no necesita de ti ni de mí, aún así podemos complacerlo o afligirlo porque para Él, nuestro Creador, somos valiosos. Nuestra vida es digna o meritoria gracias a que nuestro autosuficiente Dios nos hizo de manera tal que fuéramos importantes para Él.

PARA REFLEXIONAR Y PONER EN PRÁCTICA Detente unos momentos para reflexionar sobre la independencia de Dios. Podrías escribir tus pensamientos. ¿Cómo te sientes al saber que Dios es completamente autosuficiente y por lo tanto no necesita de nosotros? ¿De qué dignidad disfrutas gracias a que Dios te creó? ¿Cuán importante eres para Él? Reflexionar sobre la decisión personal que Dios tomó para que yo existiera me asegura que no soy una mera estadística entre 6 mil millones de personas que hay en el mundo hoy. Si fuéramos tan sólo un número en la masa de gente, ¿a quién le importaría, en realidad, quien soy y lo que hago? ¿A quién le importaría si vivo o muero? La independencia de Dios significa que soy muy importante para Él ¡y que a Él sí le importo!

Dios nunca cambia

Dios también es único porque nunca cambia. La *inmutabilidad* de Dios significa que no cambia ni puede cambiar. Esto muestra un gran contraste con todo lo demás que existe, tal como lo expresa esta oración a Dios:

Desde el principio tú fundaste la tierra,
Y los cielos son obra de tus manos.
Ellos perecerán, mas tú permanecerás;
Y todos ellos como una vestidura se envejecerán;
Como un vestido los mudarás, y serán mudados;
Pero tú eres el mismo,
Y tus años no se acabarán.
(Salmos 102:25–27)

Aquí vemos otra vez la gran diferencia entre el Creador y la creación: Dios no cambia, pero los cielos, la tierra y todo lo creado sí. Dios nunca empeorará ni tampoco mejorará. Él mismo dice: "Porque yo Jehová no cambio" (Malaquías 3:6).

Vemos la inmutabilidad de Dios en cuatro áreas: Dios es invariable como *persona*. Siempre ha existido y existirá como el Padre, el Hijo y el Espíritu Santo. La Trinidad es eterna y nunca cambia. Los atributos o la *perfección* de Dios también son invariables. Siempre es amoroso, perfectamente justo, constantemente fiel, eternamente verdadero, para siempre bondadoso y así sucesivamente. Dios es invariable en lo que concierne a sus *planes*. El siguiente salmo señala el contraste entre nuestros planes y los de Dios:

Jehová hace nulo el consejo de las naciones,
Y frustra las maquinaciones de los pueblos.
El consejo de Jehová permanecerá para siempre;
Los pensamientos de su corazón por todas
las generaciones.
(Salmos 33:10–11)

Esto significa que cualquier cosa que Dios ha planeado hacer (e hizo sus planes antes de que el universo existiera) se cumplirán de manera inexorable. Tal como Pablo afirma: "En él asimismo tuvimos herencia, habiendo sido predestinados conforme al propósito del que hace todas las cosas según el designio de su voluntad" (Efesios 1:11). Esto incluye sus planes para ti y para mí. Su voluntad es absolutamente perfecta, su propósito benevolente nunca cambiará y su plan se llevará a cabo en nuestra vida. Dios nunca será como un amigo que planea hacer algo con nosotros y luego se arrepiente.

Por último, Dios es invariable en cuanto a sus *promesas*:

"Dios no es hombre, para que mienta,
Ni hijo de hombre para que se arrepienta.
Él dijo, ¿y no hará?
Habló, ¿y no lo ejecutará?" (Números 23:19)

La respuesta a estas preguntas es "No. ¡Por supuesto que no!" Dios no se compromete a cumplir con alguien o algo para después retractarse. Nunca será como el amigo que nos promete devolvernos el CD prestado pero después se lo queda. Dios no puede anunciar que hará algo, por ejemplo: "te daré la vida eterna", para después decir: "¡tan sólo bromeaba!" Él no miente, ni tampoco cambia de idea porque sus promesas son permanentes.

Esta exposición sobre la inmutabilidad de Dios no debería llevarnos a la conclusión de que, de algún modo, es un robot estático y sin sentimientos al cual la gente, los sucesos y este mundo no lo afectan. Dios experimenta emociones como el gozo, el pesar, el enojo, el placer, los celos, el amor, la ira y el deleite, y actúa y siente de manera diferente en ocasiones diferentes. Cuando hacemos lo correcto, el placer que Dios siente es más intenso y gratificante que el mayor gozo que podamos haber imaginado alguna vez. Por otra parte, cuando lo disgustamos, la indignación que siente es más profunda y perturbadora que cualquier otro desengaño que nosotros hayamos experimentado. Nunca deberíamos permitir que nuestra idea de la inmutabilidad de Dios nos aparte de la verdad que nos dice que Él se relaciona con nosotros de un modo muy personal. Dios mantiene con nosotros una relación íntima y responde a nuestras situaciones diferentes de distinta manera mientras permanece siempre estable en lo que respecta su persona, a su perfección, a sus planes y promesas.

PARA REFLEXIONAR Y PONER EN PRÁCTICA Un pensamiento perturbador: ¿Cómo sería la vida si Dios pudiera cambiar? ¿Qué sucedería si Él mismo o uno o más de sus atributos cambiaran? ¿En qué te afectaría a ti si los planes de Dios pudieran cambiar? ¿Cuál sería el resultado si las promesas de Dios pudieran cambiar?

Dios es eterno

Otro atributo que hace único a Dios es el hecho de ser *eterno*. Esto significa que es infinito con respecto al tiempo. El profeta Isaías describe a Dios como "el que habita la eternidad" (Isaías 57:15). Salmos 90 proclama:

Antes que naciesen los montes
Y formases la tierra y el mundo,
Desde el siglo y hasta el siglo, tú eres Dios. (v. 2)

Dios siempre ha existido, existe en este momento y existirá siempre. Nunca comenzó a existir; no hubo una época pasada en la que no existiera. Nunca dejará de existir; tampoco habrá una época futura en la que no exista más. Su existencia no tiene ni principio ni fin. Aunque Dios es eterno, puede moverse y actuar en el tiempo. Hace ciertas cosas *antes* que otras. Por ejemplo, Dios "nos escogió en él [Cristo] antes de la fundación del mundo, para que fuésemos santos y sin mancha delante de él" (Efesios 1:4). Dios planeó que tuviéramos una relación personal con su Hijo antes de que creara el universo. Dios también hace ciertas cosas *después* de otras. Por ejemplo, Pablo describe una serie de sucesos futuros que ocurrirán en una secuencia ordenada: "Porque así como en Adán todos mueren, también en Cristo todos serán vivificados. Pero cada uno en su debido orden: Cristo, las primicias; luego los que son de Cristo, en su venida. Luego el fin, cuando entregue el reino al Dios y Padre, cuando haya suprimido todo dominio, toda autoridad y potencia" (1 Corintios 15:22–24).

Primero viene la resurrección de Cristo, *luego* nuestra resurrección y *después el fin*. Esto demuestra que Dios puede moverse y actuar en el tiempo al hacer algunas cosas antes o después que otras.

Aún así, Dios también disfruta de una relación única con el tiempo. El salmista lo explica al decir: "Porque mil años delante de tus ojos [Dios] son como el día de ayer, que pasó, y como una de las vigilias de la noche" (Salmos 90:4) y Pedro añade: "con el Señor un día es como mil años, y mil años como un día", (2 Pedro 3:8). Estos versículos indican que Dios posee un sentido único del tiempo. Su "memoria" de hechos pasados es tan vívida que los experimenta como si hubieran ocurrido recientemente. Por eso, Dios conoce todo el pasado, la historia del mundo desde su creación, como si hubiera ocurrido recientemente. Dios conoce con la misma claridad los sucesos diferentes que se dan cada día porque, en su mente, cada día para Él continúa siendo el presente eterno. Dios experimenta el pasado, el presente y el futuro con la misma intensidad.

Dios está en todas partes

Dios es único porque está en todas partes. La *omnipresencia* de Dios (*omni* significa "todo" o "en todas partes") es su infinidad con respecto al espacio. Las siguientes preguntas, hechas por Dios mismo, revelan que Él está presente en todo lugar del universo:

"¿Soy yo Dios de cerca solamente, dice Jehová, y no Dios desde muy lejos? ¿Se ocultará alguno, dice Jehová, en escondrijos que yo no lo vea? ¿No lleno yo, dice Jehová, el cielo y la tierra?" (Jeremías 23:23–24)

Dios está cerca de donde nosotros estamos y también lejos, llenando el universo por completo. Cuando oímos esto, tendemos a pensar que Dios es sumamente grande al ser

¡ABSOLUTAMENTE INMENSO!

Sin embargo, esta no es la forma correcta de imaginarnos la omnipresencia de Dios. Él no puede estar contenido en un espacio del universo. Salomón, uno de los reyes de Israel, lo expresó cuando dedicó el templo para que fuera el lugar especial en el que Dios morara con su pueblo: "Pero ¿es verdad que Dios morará sobre la tierra? He aquí que los cielos, los cielos de los cielos, no te pueden contener; ¿cuánto menos esta casa que yo he edificado?" (1 Reyes 8:27). Si bien ciertamente Dios está cerca de nosotros (y hasta puede morar en un templo construido para su presencia especial), no puede ser confinado a estos lugares. De hecho, el universo todo no puede contenerlo. No debemos imaginarnos a Dios más "grande" que el universo, porque lo limitaríamos. Dios carece de dimensiones espaciales; existe sin limitaciones de altura, profundidad, anchura y amplitud.

No debemos imaginarnos que Dios puede estar presente con una parte de su ser (por ejemplo, su amor) en un lugar y con otra parte de su ser (por ejemplo, su justicia) en otro. Al pensar de este modo, concebimos a Dios como un ser compuesto de partes, tal como se usa la tabla de elementos y sus uniones en una clase de química. Más bien, Dios está presente en todas partes como un ser completo. La plenitud de Dios y su amor, su justicia, su verdad, su santidad, su gracia y su misericordia existen en todas partes.

Aun cuando está presente en todo lugar con todo su ser, lo hace de modos diferentes en lugares y momentos diferentes. Dios está con *todo lo que Él ha creado* para sustentarlo y mantener la creación en existencia. Está con *todas las personas en todo lugar* para suplir el alimento y el agua necesarios para la vida. Esto les recuerda su bondad y su cuidado. Dios está presente con su gracia junto a *todos aquellos que aún no conocen a Cristo* para desafianzarlos de su vida actual y hablarles sobre su Hijo. Está presente con *los creyentes nuevos* para ayudarlos a reorientar su vida haciendo que su eje sea Dios y no ellos mismos. Está gozosamente presente con los *cristianos maduros* para guiarlos, entrenarlos y usarlos en el ministerio, y darles sus muchos dones especiales. Está siempre presente con los *cristianos carnales*, aquellos que le han dado la espalda a Cristo y están apartados de Dios, para disciplinarlos y hacerlos volver al camino correcto. Está *contigo* y *conmigo* cuando reposamos solos en la noche o andamos por una ruta desierta, aún cuando no pensemos en que Él está presente. La presencia de Dios en cada una de estas circunstancias nos recuerda que no es un ser estático, inamovible ni insensible. Más bien, se relaciona con nosotros de un modo íntimo al estar presente de diferentes maneras de acuerdo a nuestras situaciones cambiantes.

Dios es espíritu

Dios es absolutamente único porque es independiente, invariable, eterno y está presente en todas partes. Estos atributos incomunicables nos ayudan a entender que Dios es distinto a cualquier otra persona o cosa. Aunque nosotros estamos hechos de materia: carne, sangre y huesos, Dios no es materia. No tiene un cuerpo. Aunque el sol, las plantas y

PARA REFLEXIONAR Y PONER EN PRÁCTICA

Quiero que sepas y tengas presente lo siguiente: La omnipresencia de Dios es muy importante para ti.

David escribe:

¿A dónde me iré de tu Espíritu?
¿Y a dónde huiré de tu presencia?
Si subiere a los cielos, allí estás tú;
Y si en el Seol hiciere mi estrado, he aquí,
allí tú estás.
Si tomare las alas del alba
Y habitare en el extremo del mar,
Aun allí me guiará tu mano,
Y me asirá tu diestra.
(Salmos 139:7-10)

¿Existe algún lugar donde podamos ir que Dios no esté presente? ¿Existe alguna situación en la que puedas encontrarte donde Dios no esté contigo? ¿Existe algún lugar demasiado oscuro o siniestro, terrorífico o funesto en el que Dios no aparezca? Algunas veces, puede parecer que Dios está lejos, o puedes quejarte con enojo contra un Dios "silencioso", pero Él está contigo. Siempre está dispuesto a rescatarte, a consolarte cuando gritas y a enjugar tus lágrimas, a transformarte y guiarte por la senda adecuada. Puedes pensar que te has alejado de Dios, pero sólo tú te has movido. Dios está allí mismo contigo, y lo estará siempre.

las explosiones nucleares producen energía, Dios no es energía. Aunque el viento, el fuego y el agua son fuerzas de la naturaleza, Dios no es ninguno de estos elementos de la creación. Aunque nosotros tenemos la capacidad de pensar, recordar e imaginar, Dios no es algún proceso del pensamiento. Dicho en otras palabras, Dios es diferente a todo lo demás que existe.

Entonces, ¿cómo es Dios? Cuando Jesús hablaba con la mujer junto al pozo de agua acerca de cuál era el lugar adecuado para adorar, Él mismo dijo: "Dios es Espíritu" (Juan 4:24). Jesús quiso decir que Dios no está en un lugar u otro para que la gente tenga que ir a una localidad u otra para adorarlo. Mejor dicho, Él existe en un plano totalmente diferente, un plano espiritual, distinto por completo a cualquier otro. Dios mismo es espíritu: su existencia es completamente única y de excelencia superior a cualquier otro tipo de existencia. También es invisible tal como lo describe Pablo: "el único que tiene inmortalidad, que habita en luz inaccesible; a quien ninguno de los hombres ha visto ni puede ver" (1 Timoteo 6:16). Mientras vivamos en la tierra no podremos ver a Dios. Esto cambiará cuando vayamos al cielo a estar con Él. El apóstol Juan lo explica así: "Porque le veremos tal como él es" (1 Juan 3:2).

No en vano la Biblia nos advierte seriamente acerca de fabricarnos ídolos o imágenes de Dios. Por ejemplo, el segundo mandamiento dice: "No te harás imagen, ni ninguna semejanza de lo que esté arriba en el cielo, ni abajo en la tierra, ni en las aguas debajo de la tierra. No te inclinarás a ellas, ni las honrarás" (Éxodo 20:4–5). Cualquier intento como este reduciría a Dios porque lo limitaría a nuestra imaginación humana. Reduciríamos a Dios a algo que nos resulta conocido. Pero Dios es distinto de cualquier cosa que existe. Debemos esperar hasta el momento en que nos encontremos con Él para verlo tal como es. ¡Entonces, y sólo allí, seremos cautivados por la visión genuina del verdadero y absolutamente único Dios!

Vemos a Dios en la oración

¿Cómo podemos encontrarnos ahora con Dios "cara a cara"? Por ejemplo, ¿de qué manera deberíamos pensar en Dios cuando oramos? Cuando mis amigos (los que siguen a Feng Shui) meditaban, trataban de dejar su mente libre de todo pensamiento y sencillamente sentir paz y armonía. Por supuesto, esto no tiene sentido si tenemos una relación personal con Dios y conversamos directamente con Él en oración. Antes bien, deberíamos concentrarnos en Dios tal como Él se nos presenta en su Palabra. Es nuestro Padre y debemos mirarlo con gratitud por ser quien nos ama y protege. Es nuestro Señor y Rey, y debemos estar listos y completamente sometidos para confiar en Él y obedecerlo en lo que nos dice. Es nuestro Señor, quien nos otorga el perdón, y debemos confesar abierta y honestamente nuestros pecados con la completa seguridad de que nos limpiará.

Ya hemos considerado cuatro de los atributos de Dios y luego consideraremos algunos más. A medida que necesitemos algo y oremos, podremos encontrarnos "cara a cara" con Dios y meditar sobre aquellos atributos que se aplican en particular a nuestra situación. Si estamos confundidos y necesitamos que se nos reoriente, podemos acercarnos al Dios que es sabio y todo lo conoce. Si estamos en aprietos calamitosos, podemos asirnos de Él porque es un Dios misericordioso y compasivo. Si estamos perturbados por la injusticia y la intolerancia podemos descansar en nuestro recto y justo Dios. Al encontrarnos con Él en oración de esta manera, evitemos tratar de representar a Dios con una imagen; en su lugar, concentrémonos en lo que pensamos de Él y lo que hace.

· ·

Dios es absolutamente único en lo que respecta a su independencia, inmutabilidad, eternidad y omnipresencia. Esto significa que es sumamente diferente a nosotros. Sin embargo, en cierta manera, Dios se parece mucho a nosotros, o mejor dicho, nosotros nos parecemos mucho a Dios. Más aún, esto es parte de su plan para los seres humanos. En los próximos capítulos veremos lo que Dios planeó para nosotros desde que nos creó.

La imagen de Dios en el espejo

¿Qué ves cuando te observas en el espejo hoy? Supongo que la respuesta depende del momento en que te miras. Si lo haces cuando recién te levantas, creo que no te sientes muy complacido. Como anoche me fui a dormir con el cabello mojado, amanecí ¡con los pelos de punta! Si a eso le sumo que hace dos días que no me afeito, la barba cerdosa me añade bastante mal aspecto. Como tampoco estoy muy despierto en las mañanas, mi aspecto en el espejo parece el de un cadáver más que el de un ser vivo.

Claro que la circunstancia cambia cuando nos ponemos frente al espejo después de esforzarnos en mejorar nuestra apariencia. En el caso de las chicas, el maquillaje cubre muchísimas imperfecciones y puede transformarles el rostro mágicamente. En el caso de los muchachos, ¡bueno, nosotros, siempre lucimos bien naturalmente! Cualquiera sea el caso, pasamos gran parte del día frente al espejo haciendo lo necesario para poder lucir presentables.

¿Alguna vez te has parado frente al espejo y has pensado en ver algo de Dios allí? Una de mis canciones preferidas tiene unas líneas que me desafían a hacer justamente eso:

Luego llega la mañana y del otro lado del espejo
Donde batallamos cara a cara
Con la imagen de la deidad.[1]

Los seres humanos, como tú y yo, somos la imagen de la deidad. Fuimos creados a imagen de Dios; por lo tanto, cuando nos miramos en el espejo, vislumbramos a Dios. Claro que esa imagen es sumamente imperfecta. Por cierto, lo que vemos allí está lejos de ser Dios mismo. No obstante, hay una gran verdad: Lo que vemos en el espejo es un reflejo de Dios mismo porque *Él nos hizo a su imagen.* Espero que nunca más te veas de la misma manera.

Refleja la imagen de Dios

Antes te había prometido que te daría una respuesta positiva a la pregunta: "¿Por qué nos creó Dios?" Basándome en la realidad de su independencia, te digo que Dios no nos creó porque nos necesita. Esa fue mi respuesta negativa. Aquí va mi respuesta positiva: *Dios nos creó a su imagen para que nosotros, tal como el espejo, lo reflejemos a Él en el mundo en que vivimos.*

Al hacer su obra, Dios reservó un lugar en extremo especial para la creación de los seres humanos. Según el Génesis, creó los cielos y la tierra, la luz, el sol y la luna, la tierra y el agua, las plantas, los peces, las aves, los animales terrestres y todo lo demás para que estuviera listo cuando creara, en un último supremo esfuerzo, a la humanidad. Todo lo que creó apuntaba a eso. Antes de embarcarse en un acto final y creativo, Dios deliberó consigo mismo. El Padre, el Hijo y el Espíritu Santo decidieron juntos: "Entonces dijo Dios: Hagamos al hombre a nuestra imagen, conforme a nuestra semejanza; y señoree en los peces del mar, en las aves de los cielos, en las bestias, en toda la tierra, y en todo animal que se arrastra sobre la tierra" (Génesis 1:26). Dios se propuso crear un tipo más de ser que, a diferencia de las demás criaturas, se pareciera más a Él. Entonces decidió crearnos a nosotros, no como peces, ni aves, ni animales, ni ángeles, sino como seres humanos. Seríamos la cúspide, lo más destacado de su creación. Y, a diferencia de cualquiera de los demás seres creados, seríamos hechos a su imagen.

Después de haber terminado con su deliberación, Dios realizó lo que se había propuesto: "Y creó Dios al hombre a su imagen, a imagen de Dios lo creó; varón y hembra los creó" (Génesis 1:27). Los seres humanos están creados a la imagen de Dios. De la misma forma que la imagen de una foto, de un póster o de una estatua refleja el original, nosotros hemos sido creados para reflejar a Dios mismo. Aunque parezca increíble, somos el espejo que muestra la imagen visible de nuestro Creador invisible. Cuando los demás nos ven, vislumbran cómo es Dios.

En el pasado, los cristianos han intentado identificar la imagen de Dios como solamente una parte de nuestra naturaleza humana. Por ejemplo, algunos han pensado que la imagen es nuestro *raciocinio*, la habilidad para razonar. Otros señalan que es nuestro *libre albedrío*, la habilidad para decidir y actuar por nosotros mismos (no según los instintos como en el caso de los animales). Algunos han insistido en que la imagen es *nuestro potencial con relación a Dios*, la capacidad para desarrollar una relación con Él que nadie más que nosotros, los seres humanos, podemos disfrutar. No obstante, otros dicen que la imagen de Dios es la *función* que tenemos; cuando ejercemos nuestra tarea de administrar la tierra y sus criaturas, entonces cargamos con la imagen divina. Todas estas ideas tienden a reducir la imagen de Dios a un aspecto en particular de nuestra calidad de humanos.

Sin embargo, todas estas propuestas fallan: Los seres humanos no fuimos creados en fragmentos como las piezas de un rompecabezas que se van encajando hasta formar la imagen final. Más bien, en nuestra calidad de humanos, fuimos creados de un modo holístico: de una manera total e integral que no nos permite dividirnos en tal o cual parte. Hemos sido creados a la imagen de Dios como seres humanos en su totalidad, no en algún aspecto, en alguna habilidad ni función en particular. Cada uno de nosotros es la imagen de Dios.

Algunos podrán decir que esto es especialmente verdad en lo que se refiere a nuestra alma y sus características como el amor, la verdad, la bondad y demás. Pero también se aplica al cuerpo. Dios no tiene cuerpo, pero nos ha creado para que llevemos su imagen en un cuerpo y podamos hacer las cosas que Él hace sin tener uno. Por ejemplo, Dios "ve" todo lo que hacemos y todo lo que sucede en el universo. Pero ve sin tener ojos. A nosotros nos ha dotado de ojos para que podamos ver como Él. Dios "oye" todo lo que se dice, cada palabra que se pronuncia en el mundo. Pero oye sin tener oídos. A nosotros nos ha dotado de oídos para que podamos oír como Él. Dios "habla", es más, cuando habló, el universo fue creado y cuando habló, su Palabra quedó escrita y está en nuestras Biblias. Pero habla sin tener boca. A nosotros nos ha dotado de una boca para que podamos hablar como Él. Dios "actuó" y "se movió" con poder al dividir las aguas del mar Rojo para rescatar a su pueblo de Egipto y para salvarnos por medio de la muerte y la resurrección de Jesucristo. Él lleva a cabo sus acciones sin tener brazos y se mueve sin tener piernas; pero nos ha dotado de brazos y piernas para que podamos actuar y movernos como Él. Nuestro cuerpo es esencial en nuestra creación a la imagen de Dios ya que nos permite reflejarlo de muchas maneras concretas.

Hay una importante verdad más que queremos aprender sobre la creación de Dios (y volveré sobre esto luego): Al leer Génesis 1:27, vimos que cuando Dios creó al *hombre* (fíjate que se trata de un sustantivo en singular) a su imagen, *los* creó (fíjate que ahora usó un plural) *hombre* y *mujer*. Dios nos creó como seres únicos e individuales pero a la vez como seres sociales. Se nos ha concebido para que nos relacionemos estrechamente en una comunidad de hombres y mujeres. En cierto sentido, por cuanto cada uno de nosotros fuimos creados a la imagen de Dios, dicha imagen se refleja mayormente en nuestras relaciones al vivir juntos en armonía. Mientras que tú y yo, como individuos portadores de dicha imagen, podemos reflejar a Dios, donde más podemos reflejarlo en el mundo en el que vivimos es juntos, relacionados en una comunidad.

Si lo pensamos cuidadosamente, en realidad, no debería sorprendernos. Antes de crearnos, el Padre, el Hijo y el Espíritu Santo siempre se han amado en la comunidad de la Trinidad. Siempre han experimentado esa relación dinámica y de amor. Cuando Dios nos creó a su imagen, decidió que esta misma relación dinámica y amorosa se reflejara en los seres humanos. Al crear hombres y mujeres, Dios creó a la humanidad de manera tal que pudiéramos ser el reflejo de esa comunidad entre el Padre, el Hijo y el Espíritu Santo.

Dios nos creó a su imagen para que nosotros, tal como el espejo, pudiéramos reflejarlo en el mundo en el cual vivimos. Aquí tenemos una razón positiva por la cual Dios, que no nos necesitaba porque es autosuficiente, nos creó. Esta razón nos da la respuesta a una de las preguntas más importantes acerca de la vida: "¿Por qué existo?" "¿Qué significado tiene la existencia humana?" "¿Qué propósito tiene mi vida?" Existimos para reflejar a Dios en este mundo en el cual vivimos. La existencia humana tiene un sentido porque fuimos creados con dignidad y somos importantes portadores de la imagen de Dios. Nuestro propósito es imitarlo. A medida que lo hacemos, los demás pueden vislumbrar cómo es Dios. Esto se logra de un modo más claro y convincente al edificar una comunidad de hombres y mujeres cuyas relaciones se caracterizan por el dinamismo y el amor.

La iglesia: La comunidad de los portadores de la imagen de Dios

Aunque todas las personas tienen como propósito reflejar a Dios en este mundo, porque todas han sido creadas a la imagen de Dios, esta tarea se vuelve verdaderamente cierta en nosotros los cristianos. A través de nuestra relación con Dios, podemos darnos cuenta de su propósito para nuestra vida. Comprendemos mejor su plan para nosotros y nos comprometemos más a cumplirlo. Como cristianos también debemos reunirnos en una comunidad nueva: la iglesia. Más que nunca, debemos procurar poner en práctica este tipo de relaciones dinámicas y en un entorno de amor. Tenemos que relacionarnos no sólo como hombres y mujeres sino también como hermanos y hermanas, hijos de un mismo Padre, con un mismo Señor, con la misma fe, la misma esperanza y el mismo amor. Por eso el apóstol Pablo nos ordenó: "Sed, pues, imitadores de Dios como hijos amados. Y andad en amor, como también Cristo nos amó, y se entregó a sí mismo por nosotros, ofrenda y sacrificio a Dios en olor fragante" (Efesios 5:1–2).

Dios creó la iglesia para que fuera el comienzo de una nueva comunidad. Al ser creados a la imagen de Dios, nuestro propósito como seguidores de Cristo, tanto individualmente como juntos, es reflejarlo al mundo en el que vivimos.

En el próximo capítulo, explicaré más en detalle cómo podemos imitar a Dios para llevar a cabo lo que Él ha planeado para nosotros.

• •

"¿Por qué existo?" "¿Tiene algún significado la existencia humana?" "¿Qué propósito tiene mi vida?" Un día mi pastor y yo tomamos la videocámara y nos fuimos por la calle para ver distintos tipos de tiendas, estilos de vida alternativos y personas exóticas en un cercano barrio peculiar y bohemio. Encontramos todo tipo de personas, desde dueños de negocios hasta indigentes, pelados y "*hippies*" melenudos (sí, mi ciudad todavía tiene muchos vestigios de los años 60), ateos y creyentes, jóvenes con aros por todas partes y ancianos, deportistas y practicantes de la cultura gótica. Primero nos presentábamos y luego lo enfocábamos con la cámara y le preguntábamos: "Si pudiera hacerle una pregunta a Dios, ¿qué le diría?" La segunda respuesta más popular (hablaré de la primera luego) fue: "¿Qué propósito tiene mi vida?"

La gente quería una respuesta a esta pregunta sin importar quiénes eran ni qué aparentaban. Quizá esta cuestión no surge de manera consciente muy a menudo, pero cuando la gente reflexiona acerca de su situación, cuando están solos, en una crisis, cuando alguien fallece, se preguntan sobre el propósito de la vida. Y no esperan una respuesta a la ligera. No se trata de una respuesta como la que podrían escribir en un examen o la que podrían darle a una pregunta trivial. La respuesta es de suma importancia porque quieren resolver el misterio de la existencia humana. Quieren saber por qué existen y si han logrado el propósito para el cual fueron creados.

PARA REFLEXIONAR Y PONER EN PRÁCTICA Ahora que has leído este capítulo sobre la imagen de Dios, piensa con cuidado cómo responderías esta pregunta: "¿Qué propósito tiene mi vida?" ¿Qué significado tiene para ti el ser creado a la imagen de Dios? ¿Cómo te hace sentir? ¿Te da un sentido significativo, te da dignidad y un propósito? Cuando te miras en el espejo, ¿qué ves? Recuerda: Dios te ha creado para que seas absolutamente único. Nadie como tú existió ni existirá jamás y esto es el diseño de Dios. ¡Nunca tengas celos ni envidia de nadie! En vez de eso, dale gracias a Dios y vive de manera tal que lo reflejes singularmente en tu mundo.

La grandeza de Dios

CAPÍTULO 6

Al poco tiempo de caer el comunismo en lo que antes era la Unión Soviética, me invitaron a enseñar un curso de historia en San Petersburgo. Como sabía que era sumamente difícil conseguir el permiso para entrar en la URSS, dediqué todo el tiempo necesario para preparar los documentos oficiales. No tuve problema para actualizar mi pasaporte y parecía que mis esfuerzos para obtener la visa iban progresando. La agencia que me patrocinaba en Rusia me había enviado la invitación oficial y los formularios necesarios para completarlos. Reuní todo y lo envié a la embajada rusa en Washington, DC. Compré los boletos de avión y me senté a esperar a que llegara mi visa.

Imaginé que no tendría noticias pronto, pero a una semana de la partida me decidí a llamar a la embajada. Un funcionario de migraciones me confirmó que el pedido de visa había llegado y que se ocuparían debidamente. A los pocos días, cuando mi pasaporte aún no llegaba, sentí pánico. Mi frenética llamada telefónica llamó la atención de otro funcionario ruso de migraciones que me dijo que mi pasaporte y visa estaban sobre su escritorio. Me prometió que los enviaría por correo ese día. Era jueves y yo debía viajar el sábado. Le expliqué que nunca llegaría a tiempo y le rogué que, por favor, lo enviara por correo expreso. Estuvo de acuerdo en hacerlo y yo pagaría los gastos de envío.

Llegó el sábado a la mañana, pero no había ninguna visa a la vista. Tenía las valijas hechas, los boletos en la mano y tenía que salir para el aeropuerto en 15 minutos o perdería el avión. Todo lo que podíamos hacer era orar. Me reuní con mi familia y oramos juntos de rodillas. Nos abrazamos y le rogamos con desesperación a Dios para que interviniera. De repente, mi hija mayor nos anunció que un repartidor se acercaba a la puerta con un paquete. Le arranqué la visa de las manos con ansiedad y bastante incredulidad. Nos explicó que teníamos mucha suerte de que nos hubiera encontrado, pero esto nos confundió más hasta que nos mostró el paquete con la dirección equivocada. Pero aún así nos había encontrado gracias a la perseverancia que tuvo en tratar de entregar el paquete que llegó justo a tiempo.

Alabamos grandemente a Dios y le dimos gracias durante el viaje hacia el aeropuerto ese sábado. Una vez más, Él había demostrado su grandeza. La soberanía que tiene sobre el tiempo y sus recursos nos demostraron que es un Dios fiel y digno de nuestra absoluta confianza.

• •

Espero que hayas tenido una experiencia similar sobre la grandeza de Dios. En este capítulo y el siguiente, me concentraré en presentar los atributos de Dios que lo hacen tan magnífico. Puede parecernos una sorpresa increíble, pero nosotros también poseemos dichos atributos, aunque de una manera limitada e imperfecta. Los *atributos comunicables* son aquellos que compartimos con Dios, o mejor dicho, los que Él comparte con nosotros. Dios comparte ciertas cualidades con nosotros, para que, tal como un espejo, lo reflejemos en el mundo en que vivimos, ya que creó a los seres humanos, como tú y yo, a su propia imagen.

Seamos imitadores de Dios

¿Recuerdas el mandato de Pablo que mencionamos en el capítulo anterior? "Sed, pues, imitadores de Dios como hijos amados. Y andad en amor, como también Cristo nos amó, y se entregó a sí mismo por nosotros, ofrenda y sacrificio a Dios en olor fragante" (Efesios 5:1–2). Se nos ordena ser imitadores de Dios. En otros pasajes, se nos dice cuáles son los atributos que debemos imitar. Por ejemplo, Pedro nos dice que imitemos la santidad de Dios: "Sino, como aquel que os llamó es santo, sed también vosotros santos en toda vuestra manera de vivir; porque escrito está: Sed santos, porque yo soy santo'" (1 Pedro 1:15–16). Jesús nos pide que llevemos a cabo algo que parece totalmente imposible de hacer: "Pero a vosotros los que oís, os digo: Amad a vuestros enemigos, haced bien a los que os aborrecen; bendecid a los que os maldicen, y orad por los que os calumnian" (Lucas 6:27–28). Después nos explica que imitar a Dios es la única manera en que podemos obedecer sus mandamientos: "Sed, pues, misericordiosos, como también vuestro Padre es misericordioso" (Lucas 6:36).

Esta es la tarea que tenemos por delante: *Primero*, concentrarnos en la grandeza o bondad de Dios al describir sus atributos comunicables y *segundo*, considerar de qué manera debemos ponerlos en práctica en nuestras relaciones con nuestros padres, hermanos, amigos, otros cristianos, maestros de la escuela, empleados, clientes y demás personas. Al hacerlo, descubriremos en más detalle cómo podemos imitar concretamente a Dios para reflejarlo en el mundo en que vivimos. ¡No te olvides, sólo confiando en su poder y en sus recursos seremos capaces de imitarlo auténticamente!

Al recordar y revivir mi experiencia de tener que esperar la visa, me di cuenta de que Dios sabía con exactitud lo que estaba haciendo. Más aún, Dios orquestó las circunstancias con sabiduría para su gloria y favor (aunque para mí fue confuso y preocupante en el momento). Él actuó con poder para hacer resaltar los sucesos que había dirigido según su plan soberano. A través de esta circunstancia, Dios demostró una vez más que es verdadero y fiel. En otras palabras, demostró alguno de los atributos que quería que yo imitara: su conocimiento, su sabiduría, su poder, su soberanía, su veracidad y su fidelidad. Examinemos cada uno de ellos más en detalle y veremos cómo Dios los comparte con nosotros.

El conocimiento de Dios

Puedo afirmar con confianza que Dios sabía lo que estaba haciendo porque Él lo sabe todo. La *omnisciencia* de Dios (recuerda, *omni* significa "todo" y *ciencia* se refiere al "conocimiento") quiere decir que Él conoce el pasado, el presente y el futuro, incluyendo todas las cosas presentes y posibles. El apóstol Juan describe así a Dios: "Y él sabe todas las cosas" (1 Juan 3:20). No necesita recordar algo ni recurrir a su memoria. Tampoco tiene que estudiar o investigar para aprender algo nuevo. Él conoce todo al instante porque es "Perfecto en sabiduría" (Job 37:16) y "su entendimiento es infinito" (Salmos 147:5).

Dios nos conoce y conoce todo lo referente a nosotros: nuestro pasado (todas las cosas buenas que hemos hecho y todos nuestros errores, fracasos y pecados), nuestro presente (todo aquello que actualmente hacemos a medida que confiamos en Él y lo obedecemos) y todo nuestro futuro (todas las cosas que ha planeado para nosotros). David habla sobre esto así:

Oh Jehová, tú me has examinado y conocido.
Tú has conocido mi sentarme y mi levantarme;
    Has entendido desde lejos mis pensamientos.
Has escudriñado mi andar y mi reposo,
    Y todos mis caminos te son conocidos.
Pues aún no está la palabra en mi lengua,
    Y he aquí, oh Jehová, tú la sabes toda.
Detrás y delante me rodeaste,
    Y sobre mí pusiste tu mano.
Tal conocimiento es demasiado maravilloso para mí;
    Alto es, no lo puedo comprender.
(Salmos 139:1–6.)

Dios conoce todos los detalles de nuestra vida: cuando dormimos, caminamos, estamos sentados, nos paramos, venimos de la escuela o vamos a una fiesta. Conoce lo que vamos a decir aún antes de que lo digamos, ya sea que se trate de una respuesta respetuosa a nuestro padre o jefe, de un comentario jactancioso para quedar mejor de lo que en realidad somos, de una broma sarcástica para humillar a otro estudiante o de las palabras de consuelo para ayudar a un amigo que está pasando por una tragedia. Conoce las palabras que vamos a decir porque conoce nuestra mente y cada uno de nuestros pensamientos. Conoce la diferencia entre lo que es auténtico y lo que es un mero *show* porque ve la doble intención. Dios conoce las motivaciones que hay detrás de nuestras acciones, ya sea que realicemos una buena acción para llamar la atención o para honrarlo a Él. No lo podemos engañar. Dios se complace cuando lo obedecemos y confiamos en Él con sinceridad. Dios conocía mi necesidad, sabía de mi visa, de la demora de la embajada rusa, de los horarios y la fecha de mi partida, de cuándo la necesitaba con exactitud y de la preocupación del repartidor que llegó en el momento preciso.

El conocimiento de Dios se extiende más allá de nosotros, abarca todo lo que sucede en nuestra ciudad, estado, país y en todas las naciones del mundo. También conoce todo el universo. Hasta el mínimo detalle de nuestra vida: "Pues aun vuestros cabellos están todos contados" (Mateo 10:30), hasta los más lejanos límites del universo: "Él cuenta el número de las estrellas; a todas ellas llama por sus nombres" (Salmos 147:4). Dios conoce todo lo que existe y sucede. Conoce el pasado, el presente y el futuro. La iglesia siempre ha creído esto a pesar de que algunos cristianos lo cuestionan. Esto causa decepción y alboroto porque la Biblia es totalmente clara en lo que respecta al completo conocimiento que Dios tiene del futuro. De hecho, uno de los desafíos que Dios mismo les hace a quienes dicen ser dioses o ídolos es la predicción exacta del futuro:

"Traigan, anúnciennos lo que ha de venir; dígannos lo que ha pasado desde el principio, y pondremos nuestro corazón en ello; sepamos también su postrimería, y hacednos entender lo que ha de venir. Dadnos nuevas de lo que ha de ser después, para que sepamos que vosotros sois dioses" (Isaías 41:22–23).

Si estos ídolos fueran verdaderos y dioses vivientes podrían cumplir con el desafío, porque cualquier Dios viviente y verdadero conoce el futuro. Por supuesto, dichos dioses fracasan; no pueden profetizar sobre lo que vendrá porque desconocen el futuro. Sólo nuestro Dios viviente y verdadero conoce esas cosas:

"Acordaos de las cosas pasadas desde los tiempos antiguos; porque yo soy Dios, y no hay otro Dios, y nada hay semejante a mí, que anuncio lo por venir desde el principio, y desde la antigüedad lo que aún no era hecho" (Isaías 46:9–10).

Nuestro Dios es distinto a todos los demás que dicen llamarse dioses, porque Él conoce el futuro. ¡Dios es grande y magnífico de veras porque conoce todo!

La sabiduría de Dios

Más allá de conocer perfectamente cuál era la situación de mi visa,

PARA REFLEXIONAR Y PONER EN PRÁCTICA Imitemos el conocimiento de Dios. Una forma en la que podemos imitarlo es conociéndolo mejor a través de la lectura de su Palabra. También podemos leer otros libros, como los de esta serie "Busquemos la verdad". Pero nuestro conocimiento debe ir más allá de estas áreas "espirituales". Por ejemplo, Dios conoce la estructura atómica, la reproducción de la célula, los enlaces químicos, el quark, los agujeros negros, el electromagnetismo y todo lo demás. Tú, como estudiante, puedes imitar el conocimiento de Dios al estudiar biología, química, genética, astronomía, física y otras materias. Tus padres y tus maestros desempeñan un papel importante porque te ayudan a incrementar lo que sabes y de esa manera puedes imitar el conocimiento de Dios. Tú también juegas un papel importante en la vida de los demás, en especial de aquellos que no conocen a Dios o que son creyentes nuevos.

¿De qué otra manera puedes imitar a Dios en lo que respecta a su conocimiento?

Dios actuó con inmensa sabiduría en todo momento. La *sabiduría* de Dios significa que Él siempre elige el mejor objetivo y las mejores maneras de llevar a cabo ese objetivo. Sin embargo, la sabiduría es mucho más que la mera eficiencia. Nuestro sabio Dios valora el sumo bien en función de lo que le brinde la mayor gloria a Él y el mayor beneficio a nosotros, sus hijos. En su infinita sabiduría, Dios edifica su propósito de acuerdo a sus valores supremos para su propia gloria y nuestro bien mayor, y los pasos que elige para llevar a cabo su plan son, con seguridad, los mejores.

La Biblia afirma que Dios es: "sabio de corazón" (Job 9:4). Cuando Pablo lo describe como "único y sabio Dios" (Romanos 16:27), nos recuerda que este atributo lo distingue de todos los demás que dicen ser dioses. Esta sabiduría única se presenta de diversas maneras. Dios empleó una enorme sabiduría cuando creó el mundo, tal como lo enfatiza Salmos:

¡Cuán innumerables son tus obras, oh Jehová!
Hiciste todas ellas con sabiduría;
La tierra está llena de tus beneficios.
He allí el grande y anchuroso mar,
En donde se mueven seres innumerables,
Seres pequeños y grandes. (Salmos 104:24–25)

Dios también fue sumamente sabio al determinar y consumar nuestra salvación. Aunque las buenas noticias sobre la crucifixión de Jesús les parezcan tontas a los incrédulos, Dios fue inmensamente sabio al establecer su estrategia para rescatarnos. Es más, la sabiduría de Dios detesta la sabiduría humana, que comparada con la de Él parece absoluta necedad: "¿Dónde está el sabio? ¿Dónde está el escriba? ¿Dónde está el disputador de este siglo? ¿No ha enloquecido Dios la sabiduría del mundo? Pues ya que en la sabiduría de Dios, el mundo no conoció a Dios mediante la sabiduría, agradó a Dios salvar a los creyentes por la locura de la predicación. Porque los judíos piden señales, y los griegos buscan sabiduría; pero nosotros predicamos a Cristo crucificado, para los judíos ciertamente tropezadero, y para los gentiles locura; mas para los llamados, así judíos como griegos, Cristo poder de Dios, y sabiduría de Dios. Porque lo insensato de Dios es más sabio que los hombres, y lo débil de Dios es más fuerte que los hombres" (1 Corintios 1:20–25). Dios despliega su sabiduría tanto en la creación como en la salvación.

Además, despliega su inmensa sabiduría en la vida de los seres humanos, como en la tuya y la mía. Su sabiduría yace, en particular, en la esencia de esta significativa promesa que Dios nos hace: "Y sabemos que a los que aman a Dios, todas las cosas les ayudan a bien, esto es, a los que conforme a su propósito son llamados. Porque a los que antes conoció, también los predestinó para que fuesen hechos conformes a la imagen de su Hijo, para que él sea el primogénito entre muchos hermanos" (Romanos 8:28–29).

Ya sea que en nuestro camino se nos presenten sucesos, circunstancias, personas y oportunidades, el propósito de Dios es que el "bien" siempre se cumpla en nuestra vida. Él define como "bien" el ser semejantes a Jesucristo. El plan de Dios consiste en poder usar todas las cosas sabiamente en nuestra vida para transformarnos y así asemejarnos cada vez más a Cristo. El objetivo es el mejor de todos: asemejarnos al Hijo de

Dios, y Él obra sabiamente en cada aspecto de nuestra vida para lograr dicho propósito supremo. Nunca debemos preocuparnos por alguna malintencionada circunstancia en nuestra vida. Aunque los demás quieran perjudicarnos, Dios siempre se propone lograr el bien en todo. Nunca debemos temer que las circunstancias de nuestra vida se descontrolen porque Dios mismo es el que obra a través de ellas. Nunca debemos desesperarnos por la gente y las oportunidades, o la falta de oportunidades en nuestra vida. En realidad, hubiera preferido que la obtención de mi visa hubiera sido más calma y menos preocupante. No comprendí por qué tuve que esperar hasta último minuto para que llegara, pero ¡qué oportunidad tuve de observar cómo nuestro sabio Dios llevaba a cabo su plan! Él *siempre* actúa con sabiduría.

PARA REFLEXIONAR Y PONER EN PRÁCTICA

Imitemos la sabiduría de Dios: Elige una meta que quieras alcanzar, puede ser en atletismo, como disminuir el tiempo en una carrera pedestre o en natación. Puede ser una meta académica, como mejorar tus notas o aprender más de historia. Puede ser una meta espiritual, como interactuar con algunos incrédulos o vencer alguna determinada tentación. Una vez que hayas establecido tus metas, piensa cuál es la mejor manera de lograrlas. Es probable que necesites desarrollar otras destrezas o aumentar el tiempo de la práctica en lo que se refiere al atletismo. También es probable que tengas que buscar un mentor o leer más para lograr tus metas académicas. Tal vez tengas que tratar de conocer más personas que no sean creyentes o confesarle tus secretas debilidades a un consejero, en cuanto a lo espiritual se refiere. Siempre que escogemos buenas metas y establecemos la manera concreta de lograrlas, estamos imitando la sabiduría de Dios.

¿De qué otra manera puedes imitar a Dios en lo que respecta a su sabiduría?

El poder de Dios

Además del conocimiento perfecto y la gran sabiduría, Dios es magnífico porque es todopoderoso. La *omnipotencia* de Dios significa que puede hacer todo lo que como tal, es capaz de hacer. Dios creó el mundo cuando nada más que Él existía. Rescató a su pueblo israelita de la esclavitud en Egipto al dividir las aguas del mar Rojo. Actuó con poder para que el trámite de mi visa pasara del perpetuamente lento servicio de migraciones de la embajada rusa al sistema de correo y por último a las manos del repartidor indicado que no estaba dispuesto a darse por vencido en cumplir su tarea al ver una dirección equivocada y que me la entregó en el preciso momento que la necesitaba.

A primera vista, podríamos estar tentados a decir que la omnipotencia de Dios significa que puede hacerlo todo. Pero por más extraño que parezca, Dios no es capaz de hacer ciertas cosas. Por ejemplo, no tiene la capacidad de morir o de dejar de ser Dios. Lo que significa que no puede usar su poder para destruir lo que Él es. No puede mentir, pecar, desconocer ni hacer algo que se oponga a sus atributos. Es decir, no puede usar su poder para denigrarse a sí mismo. No puede hacer fracasar sus planes, ni quebrantar sus promesas. Ni tampoco puede hacer cosas sin sentido como un cuadrado triangular o crear una roca tan inmensa que no pueda levantarla. Debido a que hay algunas cosas que no puede hacer, es mejor decir que su omnipotencia significa que Él puede hacer todo lo que, como Dios, es capaz de hacer. Su poder es infinito, sin embargo está limitado a todos sus atributos.

La Escritura presenta estos atributos de un modo tanto positivo como negativo. En la forma negativa leemos la alabanza de Jeremías a Dios que dice: "Ni hay nada que sea difícil para ti" (Jeremías 32:17). En la forma positiva Jesús dice: "Mas para Dios todo es posible" (Mateo 19:26). La Biblia contiene muchísimos ejemplos del poder de Dios, pero en algunos casos en particular se refiere a su creación y al universo (Génesis 1), a Isaac, el hijo que Dios le daría al anciano Abraham y la infértil Sara (Génesis 18:1–15; 21:1–7), a la división de las aguas del mar Rojo (Éxodo 14), a la concepción de Jesús por medio de la virgen María (Lucas 1:26–38), a los milagros de Cristo, y a la maravillosa venida del Espíritu Santo en el día de Pentecostés (Hechos 2).

El poder de Dios obra en nuestra vida a medida que confiamos y obedecemos. El apóstol Pedro nos lo asegura de un modo general:

"Como todas las cosas que pertenecen a la vida y a la piedad nos han sido dadas por su divino poder, mediante el conocimiento de aquel que nos llamó por su gloria y excelencia" (2 Pedro 1:3). Específicamente, este poder divino nos permite sobreponernos a las tentaciones que se nos presentan en el camino. Cuando confiamos en el Espíritu Santo y en los recursos que Él nos provee, podemos conocer y hacer la voluntad de Dios y no dejarnos llevar por los deseos egoístas. Con esto en mente Pablo nos ordena: "Andad en el Espíritu, y no satisfagáis los deseos de la carne. Porque el deseo de la carne es contra el Espíritu, y el del Espíritu es contra la carne; y éstos se oponen entre sí, para que no hagáis lo que quisiereis" (Gálatas 5:16–17). Pablo describe vívidamente la batalla que se libera entre el Espíritu y nuestra naturaleza pecaminosa. Si seguimos al Espíritu Santo y dependemos de su poder, evitaremos pecar y haremos lo que en realidad queremos hacer: la voluntad de Dios y no la nuestra. Pero si nos entregamos y satisfacemos los deseos de nuestra naturaleza pecadora, terminaremos haciendo lo nuestro y a nuestro modo. Como no es lo que realmente queremos hacer, no es de extrañarse que terminemos sintiéndonos culpables, avergonzados, sucios y confundidos. La buena noticia es que no estamos solos para vencer la tentación, el poder de Dios está a nuestra disposición para que el Espíritu Santo nos guíe y faculte.

Su poder también nos prepara para servir a Jesucristo. Antes de ascender a los cielos, Jesús les dijo a sus discípulos: "Pero recibiréis poder, cuando haya venido sobre vosotros el Espíritu Santo, y me seréis testigos en Jerusalén, en toda Judea, en Samaria, y hasta lo último de la tierra" (Hechos 1:8).

Cuando les hablamos a otros de Cristo, enseñamos la Palabra en un estudio bíblico, ayudamos a otros cristianos al darles un consejo sabio, organizamos las reuniones de los jóvenes, dirigimos la adoración, en resumen, cuando nos comprometemos con el ministerio de Cristo, no nos deja solos. Fíjate en lo enérgico de esta idea de Pablo sobre el ministerio: "A quien anunciamos, amonestando a todo hombre, y enseñando a todo hombre en toda sabiduría, a fin de presentar perfecto en Cristo Jesús a todo hombre; para lo cual también trabajo, luchando según la potencia de él, la cual actúa poderosamente en mí." (Colosenses 1:28–29). El ministerio fortalecido por el poder de Dios es la manera en que servimos a Cristo.

La soberanía de Dios

El conocimiento, la sabiduría y el poder que Dios ejercitó en mi experiencia con el otorgamiento de la visa demuestra que Él es absolutamente soberano. La *soberanía* de Dios significa que se complace al consumar su buena voluntad y gloriarse a sí mismo. Cuando lo llamamos "Señor todopoderoso" y "Rey" reconocemos que Dios es soberano. Él determina lo que desea hacer y luego gobierna sobre todo (cada individuo, nación y cosa que sucede) para asegurarse de que su voluntad sea cumplida. Su gloria se magnifica a través de todo esto.

Otro aspecto de la soberanía de Dios es su voluntad. Como Señor soberano, determina o se propone hacer ciertas cosas. Por ejemplo, decidió que en vez de que nada existiera fuera de Él, podría crear el universo y todo lo que contiene. Dios recibe continua alabanza en los cielos debido a su soberana voluntad para crear nuestro mundo:

> "Señor, digno eres de recibir la gloria y la honra y el poder; porque tú creaste todas las cosas, y por tu voluntad existen y fueron creadas" (Apocalipsis 4:11).

PARA REFLEXIONAR Y PONER EN PRÁCTICA

Imitemos el poder de Dios. Pídele en oración que te asigne una tarea que sea demasiado grande para que la ejecutes con tus propias fuerzas. Tal vez tenga que ver con aceptar algún aspecto de tu personalidad o una apariencia en particular que te desagrada. O puede ser algún temor que debes superar, como dar una charla frente a la clase o pedirle ayuda a tu maestro o líder juvenil. O actuar de mediador entre dos amigos o entre tus mismos padres que están peleados. Cuando tengas la certeza de lo que tienes que hacer pídele a Dios que te provea de su poder y de sus recursos para cumplir con su voluntad. Al imitar el poder de Dios serás capaz de hacer lo que Él quiere que hagas.

¿De qué otra manera puedes imitarlo en lo que respecta a su poder?

Otro ejemplo de la voluntad soberana de Dios es la crucifixión de Jesucristo. En el libro de los Hechos esta decisión divina aparece dos veces como centro de atención. El apóstol Pedro predicó: "Varones israelitas, oíd estas palabras: Jesús nazareno, varón aprobado por Dios entre vosotros con las maravillas, prodigios y señales que Dios hizo entre vosotros por medio de él, como vosotros mismos sabéis; a éste, entregado por el determinado consejo y anticipado conocimiento de Dios, prendisteis y matasteis por manos de inicuos, crucificándole" (Hechos 2:22–23). Los discípulos también alabaron a Dios por su propósito soberano: "Porque verdaderamente se unieron en esta ciudad contra tu santo Hijo Jesús, a quien ungiste, Herodes y Poncio Pilato, con los gentiles y el pueblo de Israel, para hacer cuanto tu mano y tu consejo habían antes determinado que sucediera" (Hechos 4:27–28).

Se presentan acá dos factores clave: Primero, los malvados actuando juntos en una conspiración perversa para crucificar a Jesucristo. El inocente Hijo de Dios fue clavado en la cruz y muerto, y aquellos que armaron esta parodia de justicia son responsables por sus acciones. Segundo, Dios había planeado permitir esta conspiración maligna mucho tiempo antes porque la crucifixión de su Hijo consumaría su voluntad soberana: que Jesucristo muriera para darnos nuestra salvación. Lo que sucedió en la cruz no fue un mero accidente, por el contrario, la crucifixión cumplió con el propósito de Dios de rescatarnos del pecado y salvarnos del castigo. Su voluntad soberana se consumó por medio de circunstancias perversas que nos trajeron salvación y, por último, glorificaron a Dios.

Un ejemplo final: La voluntad soberana de Dios se extiende sobre nosotros al escogernos para transformarnos en cristianos. El apóstol Pablo explica: "[Dios] en amor habiéndonos predestinado para ser adoptados hijos suyos por medio de Jesucristo, según el puro afecto de su voluntad, para alabanza de la gloria de su gracia, con la cual nos hizo aceptos en el Amado" (Efesios 1:5–6). Dios nos ha predestinado, o escogido soberanamente, para adoptarnos como sus hijos. Esta elección no está basada en nuestra apariencia o en que seamos o no buenas personas; tampoco en nuestra capacidad para tener fe o en nuestra disposición a obedecer, ni en nada que tenga que ver con nosotros. Dios nos predestinó de acuerdo a su propio y buen regocijo (complacemos alegremente su corazón al ser sus hijos e hijas) y su voluntad (Él decidió adoptarnos para ser parte de su familia). Esta elección soberana es posible gracias a Jesucristo, de quien recibimos la gracia indispensable para nuestra salvación. Finalmente, esto glorifica y honra a Dios, porque nuestra única y posible respuesta a su elección y a su regalo de la gracia, es la alabanza.

Cualquier cosa que Dios se haya propuesto hacer, Él lo consuma. Al hablar con Dios, Job reconoce esta grandiosa simplicidad: "Yo conozco que todo lo puedes, y que no hay pensamiento que se esconda de ti" (Job 42:2). Isaías se vale de la imagen de una mano extendida para simbolizar el poder de Dios al consumar su propósito soberano:

"Este es el consejo que está acordado sobre toda la tierra, y esta, la mano extendida sobre todas las naciones. Porque Jehová de los ejércitos lo ha determinado, ¿y quién lo impedirá? Y su mano extendida, ¿quién la hará retroceder?" (Isaías 14:26–27).

Al hablar del plan de Dios, Pablo dice que hace que las cosas funcionen "conforme al propósito del que hace todas las cosas según el designio de su voluntad" (Efesios 1:11). No algunas cosas, todas; no sólo las grandes, sino también los detalles más diminutos (en donde incluyo el trámite de mi visa). Todas las cosas ocurren según la voluntad soberana de Dios.

PARA REFLEXIONAR Y PONER EN PRÁCTICA

Imitemos la soberanía de Dios: Una manera de imitar su soberanía es concentrar nuestros esfuerzos y recursos en lograr lo que debemos hacer. A menudo, cuando tenemos una gran idea, hacemos nuestros planes, comenzamos el proyecto, pero no visualizamos la tarea hasta finalizarla. Nos desviamos y nos vamos por la tangente o nos desanimamos y lo abandonamos. La soberanía de Dios nos recuerda que debemos lograr lo que nos hemos propuesto hacer. Cuando estamos convencidos de que eso es algo que Dios quiere que hagamos, estaremos doblemente motivados a hacerlo y ¡terminarlo!

¿De qué otra manera puedes imitar a Dios en lo que respecta a su soberanía?

La veracidad y la fidelidad de Dios

Como nuestro soberano Señor, poderosamente capaz de llevar a cabo su sabio y benevolente plan, Dios nos demuestra ser veraz y fiel. La *veracidad* y *fidelidad* de Dios (estas palabras son en cierto sentido diferentes) significa que Él siempre dice la verdad y que siempre cumple sus promesas. Pablo afirma que Dios no miente (Tito 1:2). El autor de Hebreos describe algo más: "Es imposible que Dios mienta" (Hebreos 6:18). Cuando Dios habla, dice la verdad. Este atributo nos da la seguridad de que toda la Escritura es completamente verdadera. Ya sea que la Biblia trate temas relativos a nuestra salvación y fe, tales como la persona y la obra de Jesucristo, los ministerios del Espíritu Santo, de qué manera adorar a Dios, la importancia de confiar y obedecer, o cuestiones relativas a la historia, la genealogía, la creación y demás, es totalmente verdadera, porque Dios es veraz y su Palabra es completamente cierta. David puede orar así: "Ahora pues, Jehová Dios, tú eres Dios, y tus palabras son verdad" (2 Samuel 7:28). Podemos contar con Dios porque Él es totalmente digno de confianza.

Dios es también fiel, siempre cumple lo que promete. Antes hemos visto que Dios es invariable en lo que respecta a sus promesas:

Dios no es hombre, para que mienta,
Ni hijo de hombre para que se arrepienta.
Él dijo, ¿y no hará?
Habló, ¿y no lo ejecutará? (Números 23:19)

La respuesta a esta pregunta es: "No. ¡Por supuesto que no!" Dios no se compromete con algo y después se arrepiente de lo prometido. Esto es así porque Él también es un Dios fiel.

Dios ha prometido muchas cosas en la Escritura y podemos confiar en que cumplirá dichas promesas. Sobre todo, la de mayor importancia, su promesa de la vida eterna para todos aquellos que declaren a Jesucristo como su Salvador y Señor. A la luz de esto, el autor de Hebreos nos anima al decir: "Mantengamos firme, sin fluctuar, la profesión de nuestra esperanza, porque fiel es el que prometió" (Hebreos 10:23). Una vez que Dios ha comenzado su obra en nuestra vida a través de Jesucristo, siempre será fiel y nunca abandonará lo que ha comenzado. Pablo escribe al respecto al decir: "Estando persuadido de esto, que el que comenzó en vosotros la buena obra, la perfeccionará hasta el día de Jesucristo" (Filipenses 1:6).

Mientras me enfrentaba a la posibilidad incomprensible de que mi visa no arribara a tiempo, la veracidad y la fidelidad de Dios me confortaron. Estaba seguro de que Dios me había guiado para comprometerme con este ministerio en Rusia. A cada paso del camino, Dios había abierto las puertas necesarias para que siguiera adelante. Pero luego todo se detuvo, no tenía mi visa. O partía en 15 minutos para poder tomar el vuelo o abandonaba totalmente el viaje. Me aferré a su promesa: "Mas buscad primeramente el reino de Dios y su justicia, y todas estas cosas [¡hasta una visa!] os serán añadidas" (Mateo 6:33). También: "Mi Dios, pues, suplirá todo lo que os falta conforme a sus riquezas en gloria en Cristo Jesús" (Filipenses 4:19). Dios demostró ser absolutamente digno de confianza al cumplir sus promesas. ¡Por cierto Él es veraz y fiel!

PARA REFLEXIONAR Y PONER EN PRÁCTICA Imitemos la veracidad y la fidelidad de Dios: ¿Eres del tipo de persona que dice una cosa pero quiere decir otra? ¿Cumples tus promesas? Si alguien habla contigo en forma confidencial, ¿le cuentas ese secreto a otros? ¿Estiras la verdad para quedar bien delante de los demás? ¿Piensas que ser humilde significa que no deberías verdaderamente hablar de tus habilidades y talentos que Dios te ha dado, para emprender tus logros? ¿Cumples fielmente con lo que prometes? Por ejemplo, si le dices a un amigo que te encontrarás con él a determinada hora, ¿eres puntual? Si le dices a los chicos del grupo juvenil que orarás por ellos, ¿te escucha Dios orar después? Si te comprometes a asistir a una fiesta pero luego surge otra mejor, ¿dejas de ir a la primera para asistir a la segunda?

¿De qué otra manera puedes imitar a Dios en lo que respecta a su veracidad y su fidelidad?

La bondad de Dios

CAPÍTULO 7

No mucho después de que entregué mi vida a Jesucristo, tuve la oportunidad de ayudar a organizar una disertación titulada "La Resurrección: ¿Realidad o ficción?", con un propósito evangelizador. Nos dejaron realizarla en un área de la universidad donde se permitía la libertad de expresión. Montamos el escenario, colocamos una cruz grande de madera, oramos por la disertación y luego nos fuimos a almorzar antes de que comenzara. Al regresar, nos escandalizamos: algunos satanistas habían desarmado el escenario poniendo la cruz al revés y dejando velas negras en toda el área. Sin embargo, esta molestia resultó ser leve. Tan pronto como el disertante subió a la plataforma, una multitud de ateos comenzaron a maldecirlo y ridiculizarlo. Como yo era nuevo en la fe, nunca antes había experimentado algo así. Me acerqué inocentemente a uno de los incitadores más vociferantes y lo invité a que viniera a hablar conmigo fuera del lugar para que no perturbara al disertante. Me agarró bruscamente del cuello de la camisa con una mano, me empujó con la otra y me amenazó: "¡Si dices una palabra más, te enterraré este puño en la garganta!" Aunque estaba asustado pensé de inmediato: *¡Esta cuestión del cristianismo debe ser genuina porque ya me están persiguiendo por creer!*

. . . .

¿Cómo piensas que se habrá sentido Dios con este incidente? Los cristianos intentaban compartir las buenas noticias de Jesucristo mientras eran acosados por los satanistas y amenazados físicamente por los ateos para que el mensaje se ahogara. En este capítulo, me concentraré en otros atributos comunicables de Dios que surgen de esta historia, atributos que demuestran que Él es sumamente bondadoso.

El amor de Dios

Cuando pienso en esto me doy cuenta que una de las razones por la que organizamos esta actividad de alcance evangelizador fue el amor de Dios. En realidad, este amor nos motivó a arriesgar nuestra propia seguridad por el bien de los demás de la misma manera que Jesucristo sacrificó su vida por amor a nosotros.

El *amor* de Dios significa que Él siempre se dará a sí mismo y entregará sus dones para beneficio de otros. "Dios es amor" (1 Juan 4:8), nos comenta el apóstol Juan. Antes de que Dios creara el mundo y a los seres humanos para amarlos, se caracterizaba por tener una relación dinámica y de amor entre el Padre, el Hijo y el Espíritu Santo. Por ejemplo, el Padre siempre ama al Hijo, el Hijo siempre ama al Padre, el Padre siempre ama al Espíritu, y así sucesivamente. Este amor recíproco con el Padre era tan importante para Jesús que lo mencionó varias veces antes de morir. En determinado momento le dijo a los discípulos: "Mas para que el mundo conozca que amo al Padre, y como el Padre me mandó, así hago" (Juan 14:31). Un poco más tarde, mientras oraba al Padre por sus discípulos, recalcó otra vez este amor: "Padre, aquellos que me has dado, quiero que donde yo estoy, también ellos estén conmigo, para que vean mi gloria que me has dado; porque me has amado desde antes de la fundación del mundo. Padre justo, el mundo no te ha conocido, pero yo te he conocido, y éstos han conocido que tú me enviaste. Y les he dado a conocer tu nombre, y lo daré a conocer aún, para que el amor con que me has amado, esté en ellos, y yo en ellos" (Juan 17:24–26). Claramente, la eterna relación de amor que el Hijo disfrutaba con el Padre era la motivación principal de Jesús para sacrificar su propia vida y para que otros, como tú y yo, pudiéramos tener también una relación de amor con Dios.

La Biblia presenta con frecuencia al amor como la base para la muerte de Cristo. Jesús mismo lo dijo: "Nadie tiene mayor amor que este, que uno ponga su vida por sus amigos" (Juan 15:13). Juan lo explica así en su evangelio: "Porque de tal manera amó Dios al mundo, que ha dado a su

Hijo unigénito, para que todo aquel que en él cree, no se pierda, mas tenga vida eterna" (Juan 3:16). La cruz se presenta como el mayor testimonio del amor de Dios por nosotros, no su amor por sus seguidores y amigos, sino su amor por nosotros pecadores y enemigos: "Porque Cristo, cuando aún éramos débiles, a su tiempo murió por los impíos. Ciertamente, apenas morirá alguno por un justo; con todo, pudiera ser que alguno osara morir por el bueno. Mas Dios muestra su amor para con nosotros, en que siendo aún pecadores, Cristo murió por nosotros" (Romanos 5:6–8).

El amor de Dios es un amor autogenerador. No considera la identidad de su objeto, ni espera que el otro tome la iniciativa. Juan escribe: "En esto se mostró el amor de Dios para con nosotros, en que Dios envió a su Hijo unigénito al mundo, para que vivamos por él. En esto consiste el amor: no en que nosotros hayamos amado a Dios, sino en que él nos amó a nosotros, y envió a su Hijo en propiciación por nuestros pecados" (1 Juan 4:9–10). El amor de Dios toma la iniciativa de alcanzarnos y no depende de lo "queribles" que seamos. Podemos contar con el amor de Dios constantemente porque esa es su naturaleza. Como dice la letra de la canción:

Él nos ama con pasión, sin lamentarse.

Él no puede amarnos más, ni nos amará menos.[1]

PARA REFLEXIONAR Y PONER EN PRÁCTICA

Imitemos el amor de Dios: Algunas veces imitar este amor significa fortalecer las relaciones que ya tenemos. Al pensar en la relación con tus padres, hermanos, amigos, personas de la iglesia, empleados o colegas ¿no te parece que alguna necesita renovarse? ¿Tu amor en esas relaciones es sacrificado, constante, fundamentado? Imitar el amor de Dios puede significar alcanzar a otros, a aquellos que aún no se relacionan contigo y hasta los que no te resultan muy "queribles". ¿Cómo te puede motivar hoy el amor de Dios para compartir las buenas noticias con alguien?

¿De qué otra manera puedes imitarlo en lo que respecta a su amor?

Porque su amor es constante, nosotros también podemos alcanzar a los demás con las buenas noticias de Jesucristo.

La rectitud y la justicia de Dios

Además de que su amor sea un factor importante en nuestra superación, la justicia y rectitud de Dios también nos motivan. La *rectitud* o la *justicia* de Dios (usaré estas palabras de manera indistinta) significan que Él siempre hace lo correcto y que su juicio sobre lo que sus criaturas hacen es justo. En realidad, Dios mismo determina lo que está bien y mal, y juzga a sus criaturas de acuerdo a las normas que Él ha establecido.

"Él es la Roca, cuya obra es perfecta,
    Porque todos sus caminos son rectitud;
Dios de verdad, y sin ninguna iniquidad en él;
    Es justo y recto". (Deuteronomio 32:4)

Este atributo de la rectitud reafirma la promesa que ya hemos considerado: "Y sabemos que a los que aman a Dios, todas las cosas les ayudan a bien, esto es, a los que conforme a su propósito son llamados" (Romanos 8:28). Gracias a que Dios es recto, siempre podemos contar con Él para hacer lo correcto en las circunstancias de nuestra vida. Él nunca se equivoca (su sabiduría también nos garantiza esto) y obra con justicia en todo lo que ocurre en nuestra vida para lograr lo que ha planeado. Aun cuando sus caminos puedan dejarnos perplejos y en algunas ocasiones, parezcan no ser justos y hasta equivocados, (por ejemplo, piensa en el sufrimiento y la tragedia) aún así podemos confiar en que todavía en esos momentos de desesperación, Dios continúa actuando en forma justa con nosotros.

Así como la cruz demuestra el amor de Dios, la mayor prueba de su justicia es la muerte de Jesucristo. Pablo explica: "A quien Dios puso como propiciación por medio de la fe en su sangre, para manifestar su justicia, a causa de haber pasado por alto, en su paciencia, los pecados pasados, con la mira de manifestar en este tiempo su justicia, a fin de que él sea el justo, y el que justifica al que es de la fe de Jesús" (Romanos 3:25–26). Cuando Cristo murió en la cruz, su muerte fue un sacrificio expiatorio, pagó el castigo de muerte que merecíamos nosotros por ser pecadores. Previo a esta muerte, Dios no había tratado por completo con los pecados de quienes vivieron antes de Cristo. Estaba esperando que la cruz, en el momento de la muerte de Cristo, pagara el castigo de todas las personas, los que habían vivido antes de Cristo, los que vivían en el tiempo de su ministerio terrenal y los que vivirían después, como tú y yo. Por medio de la muerte de Cristo, Dios probó su justicia porque castigó el pecado. Como es un Dios justo debe darles a las personas lo que se merecen. Como el pecado debe castigarse, Dios debe castigar a los pecadores. Por medio de la muerte de Cristo en la cruz, Dios trató en verdad con el pecado sin castigarnos a nosotros, sino castigando a su propio Hijo en nuestro lugar. Dios sigue siendo justo, porque no mitigó la pena por el pecado, pero se aseguró de que fuera pagada. Entonces cuando confiamos en Cristo por fe, Dios nos justifica, nos declara inocentes y justos. Puede hacerlo porque la pena ha sido pagada y nos regala la justicia de Cristo. Por este medio, nos demuestra que Él es un Dios perfectamente justo.

Pero ¿y qué hay de aquellos que no confían en Cristo por la fe y no reciben este regalo de su justicia? Como Dios es justo, debe juzgar a la gente según las normas que Él ha establecido. Pablo lo enfatiza: "Porque es justo delante de Dios pagar con tribulación a los que os atribulan,… en llama de fuego, para dar retribución a los que no conocieron a Dios, ni obedecen al evangelio de nuestro Señor Jesucristo; los cuales sufrirán pena de eterna perdición, excluidos de la presencia del Señor y de la gloria de su poder" (2 Tesalonicenses 1:6, 8–9). Todos aquellos que rechacen las buenas noticias de Jesucristo enfrentarán el espantoso futuro del castigo eterno. Al actuar de esta manera, Dios les ratifica que es justo porque les da a las personas lo que se merecen al optar por la rebelión y el pecado. Una vez más, Pablo advierte: "Pero por tu dureza y por tu corazón no arrepentido, atesoras para ti mismo ira para el día de la ira y de la revelación del justo juicio de Dios, el cual pagará a cada uno conforme a sus obras: vida eterna a los que, perseverando en bien hacer, buscan gloria y honra e inmortalidad, pero ira y enojo a los que son contenciosos y no obedecen a la verdad, sino que obedecen a la injusticia" (Romanos 2:5–8). En breve explicaré la ira de Dios, su intenso odio por el pecado que lleva al castigo y que se derramará sobre la gente impía, egoísta y pecadora. Esto debe ser así porque Dios es perfectamente justo.

La justicia de Dios se transforma en otra motivación clave para que les hablemos a los demás de Jesucristo. Fuera de las buenas noticias y la confianza depositada en Él, la gente no tiene esperanza y se enfrentará a un futuro terrible. Nosotros proclamamos el evangelio para que los demás puedan descubrir a Jesucristo, aferrarse a Él y ser justificados por nuestro Dios justo.

Hasta para nosotros, los cristianos, la justicia de Dios significa que un día evaluará todo lo que hacemos, pensamos y decimos durante nuestra vida presente. Esta evaluación no determinará si recibiremos o no el regalo de la vida eterna. Este asunto ya se decidió cuando Dios nos justificó al confiar nosotros en Jesucristo como Salvador y Señor. Pablo nos asegura que: "Ahora, pues, ninguna condenación hay para los que están en Cristo Jesús, los que no andan conforme a la carne, sino conforme al Espíritu" (Romanos 8:1). Mejor dicho, Dios nos juzgará según cómo hayamos vivido nuestra vida. Pablo describe esta evaluación así: "Porque es necesario que todos nosotros comparezcamos ante el tribunal de Cristo, para que cada uno reciba según lo que haya hecho mientras estaba en el cuerpo, sea bueno o sea malo" (2 Corintios 5:10). Dios nos recompensará, de acuerdo a su justicia, por las cosas buenas que hemos hecho, pero perderemos nuestra recompensa potencial debido a las cosas que hayamos hecho mal. Esta evaluación futura debería motivarnos a vivir nuestra vida confiando, obedeciendo constantemente y evitando todo lo que no complazca a Dios.

PARA REFLEXIONAR Y PONER EN PRÁCTICA

Imitemos la justicia o rectitud de Dios: ¿Se te conoce como una persona justa? ¿Algunos te consideran como una persona con integridad, alguien que mantiene ciertas normas tanto en su vida personal como en el trato con los demás? Algunas veces, hay una diferencia rotunda entre la vida privada de una persona y su vida pública. ¿Te pones una máscara cuando estás con los demás, juegas el papel de un tipo de persona que ellos quieren que seas pero cuando estás solo eres completamente diferente? ¿Cómo podrías imitar la justicia y la rectitud de Dios para superar esta discordancia en tu estilo de vida?

¿De qué otra manera puedes imitar a Dios en lo que respecta a su justicia o su rectitud?

La santidad y el celo de Dios

Antes hice una pregunta sobre cómo se debe haber sentido Dios por el daño que los satanistas y los ateos le causaron a nuestra actividad evangelizadora. Ya que Él es santo y celoso, se sintió perturbado por los intentos de interrumpir nuestro mensaje de las buenas nuevas. La *santidad* de Dios significa que Él es exaltado en gran manera sobre todo y debido a que es completamente puro y está apartado del pecado, se opone a todos los que representan una afrenta contra Él y sus caminos.

Isaías describe de esta manera a nuestro santo Dios:

"¿No sabéis? ¿No habéis oído? ¿Nunca os lo han dicho desde el principio? ¿No habéis sido enseñados desde que la tierra se fundó? Él está sentado sobre el círculo de la tierra, cuyos moradores son como langostas; él extiende los cielos como una cortina, los despliega como una tienda para morar. Él convierte en nada a los poderosos, y a los que gobiernan la tierra hace como cosa vana. Como si nunca hubieran sido plantados, como si nunca hubieran sido sembrados, como si nunca su tronco hubiera tenido raíz en la tierra; tan pronto como sopla en ellos se secan, y el torbellino los lleva como hojarasca. ¿A qué, pues, me haréis semejante o me comparareis? dice el Santo" (Isaías 40:21–25).

Los príncipes y gobernantes de este mundo representan toda la soberbia y lo que se opone a Dios y a sus propósitos soberanos. El Santo, que no tiene equivalente en el cielo ni en la tierra, los mira como a simples saltamontes y los hace desaparecer. Tal como Habacuc le dice a Dios: "Muy limpio eres de ojos para ver el mal, ni puedes ver el agravio; ¿por qué ves a los menospreciadores, y callas cuando destruye el impío al más justo que él" (Habacuc 1:13). Los ateos y satanistas que impíamente se opusieron a que pudiéramos alcanzar a otros, provocaron la desaprobación de Dios.

Dios también lo desaprobó porque es celoso. El *celo* de Dios significa que Él defiende justamente su propio honor. Ya que Él y sólo Él es el incomparable Dios, no compartirá el honor que se merece con nadie ni nada más. Cuando nosotros, personas hechas a su imagen, le damos nuestro corazón a algo más que no sea Dios (cuando depositamos nuestros afectos en nuestra propia popularidad, nuestros propios placeres, o nuestros propios caminos) Él siente celos. Puede sonar sumamente extraño decir que Dios es celoso. En la mayoría de los casos, los celos que conocemos y experimentamos se asemejan más a la envidia. Alguien puede ser más bello o atractivo, popular o talentoso, atlético o inteligente que nosotros, entonces estamos celosos o le tenemos envidia a esa persona. En definitiva, queremos algo que no nos pertenece justamente a nosotros, como un cuerpo, una personalidad o habilidades mejores. Esta es la clase de celos que está mal. Sin embargo, también hay una clase de celos que es correcta. Por ejemplo, piensa en la relación de la que disfrutas con tu mejor amigo. Imagínate que alguien se interpone entre los dos y pretende quebrantarla. Quizá el intruso intente denigrarte diciendo calumnias de ti o desacreditando tu carácter. Quizá este extraño se esfuerce por llamar a tu amigo o por salir siempre con él. Tienes derecho a estar celoso en esta situación. Si este es el caso, tienes derecho a defender tu propio honor y a hacer lo que sea necesario para asegurarte de que tu mejor amigo no se deje engañar ni dominar por el intruso.

Lo mismo sucede con los celos de Dios. Debido a que sólo es digno de recibir nuestra total devoción, tiene celos de cualquiera que intente robarle su honor y quitarle nuestra incondicional atención. Por eso, Dios desprecia la idolatría (la adoración a otros dioses) ya sea que se trate del amor al dinero, la humanidad, el reconocimiento de los demás o cualquier otro amor inferior.

Hemos visto que en la Biblia se nos advierte seriamente contra la idolatría o en cuanto a poner cualquier cosa o persona por encima de Dios en nuestra vida: "No te harás imagen, ni ninguna semejanza de lo que esté arriba en el cielo, ni abajo en la tierra, ni en las aguas debajo de la tierra. No te inclinarás a ellas, ni las honrarás" (Éxodo 20:4–5). Inmediatamente después de dar este mandamiento, Moisés explica la razón que Dios tiene para hacerlo así: "Porque yo soy Jehová tu Dios, fuerte, celoso" (Éxodo 20:5). Nunca debemos permitir que cosas tales como nuestro deseo de ser populares, nuestra búsqueda de trascendencia, nuestra necesidad de amar o ser amados, nuestras pasiones físicas o cualquier otra persona como nuestros padres, hermanos, amigos o maestros pasen a tener el primer lugar en nuestra vida. Debemos darle ese lugar a Dios y sólo a Él. De otra manera, nos tendremos que enfrentar con sus celos; tal como Dios mismo dice:

"Por mí, por amor de mí mismo lo haré, para que no sea amancillado mi nombre, y mi honra no la daré a otro" (Isaías 48:11).

Nuestro Dios santo y celoso se opone a todo aquello que lo agravia a Él y a su propósito soberano.

PARA REFLEXIONAR Y PONER EN PRÁCTICA

Imitemos la santidad y el celo de Dios: Hubo una mujer que halló una manera práctica e interesante de imitar la santidad y el celo de Dios. Se sentía incómoda cada vez que alguno de sus compañeros de trabajo usaba el nombre de Dios en vano en la oficina. Como deseaba ser celosa del honor de Dios y proteger su santidad, les dijo a sus colegas que cada vez que usaran el nombre de Dios en vano (al decir por ejemplo: "¡Dios santo!) ella diría en voz alta "Es el Señor". A la hora oyó la primera profanación a la cual respondió con un "Es el Señor". Más tarde, sucedió lo mismo varias veces. Al cabo de una semana, cada vez tenía que repetirlo menos. Por último, el uso del nombre del Señor en vano cesó. Esta mujer halló de una manera creativa cómo imitar la santidad y el celo de Dios en su entorno de trabajo.

¿De qué otra manera puedes imitar a Dios en lo que respecta al celo?

La misericordia y la gracia de Dios

A pesar de los esfuerzos para perturbar nuestra actividad evangelizadora, los satanistas y los ateos no tuvieron éxito ese día. Nuestro disertante pudo completar su presentación sobre la resurrección y terminar con la explicación de las buenas noticias de Jesucristo. Ahora bien, no sé cuales fueron los resultados de la actividad porque ¡estuve demasiado ocupado con mi nuevo "amigo", el grosero, como para recordarlo! Pero quiero que tú pienses sobre cómo Dios estuvo presente en aquel encuentro.

Por un lado, estuvo presente como nuestro misericordioso y benevolente Dios. La *misericordia* y la *gracia* de Dios (ambas palabras algo diferentes entre sí) significan que Dios expresa su bondad a aquellos en situaciones calamitosas y a los que merecen el castigo. La misericordia nos recuerda que nuestro Dios es realmente compasivo; cuando nos desviamos del camino, cuando estamos agobiados de problemas, Él personalmente siente nuestra angustia y viene a rescatarnos. Por ejemplo, Isaías describe al pueblo de Israel en momentos de problemas y hace énfasis en la misericordia de Dios:

"En toda angustia de ellos él fue angustiado, y el ángel de su faz los salvó; en su amor y en su clemencia los redimió, y los trajo, y los levantó todos los días de la antigüedad" (Isaías 63:9).

Dios es profundamente consciente del dolor que experimentamos y en su misericordia siente nuestra desesperación. Esto también lo vemos en el ministerio de Jesús, a quien a menudo se le acercaron mendigos, enfermos, ciegos, cojos y moribundos. Ellos gritaban con desesperación: "¡Señor, ten misericordia de nosotros!" y Él "al ver las multitudes, tuvo compasión de ellas; porque estaban desamparadas y dispersas como ovejas que no tienen pastor (Mateo 9:36). Dios es misericordioso para ayudarnos en aquellas situaciones de angustia.

La gracia de Dios es su bondad al no darnos lo que nos merecemos. Se lo ve en especial en su obra salvadora. Aunque somos culpables delante de Dios y estamos condenados por el pecado, Él, en su misericordia, es bueno con nosotros. Pablo lo explica así: "Por cuanto todos pecaron, y están destituidos de la gloria de Dios, siendo justificados gratuitamente por su gracia, mediante la redención que es en Cristo Jesús" (Romanos 3:23–24). Nosotros no podemos salvarnos, ni ganarnos el amor de Dios. Él nos justifica gratuitamente, nos declara inocentes y justos, en un acto de gracia en lugar del esfuerzo humano. Pablo enfatiza esto de nuevo: "Porque por gracia sois salvos por medio de la fe; y esto no de vosotros, pues es don de Dios" (Efesios 2:8–9).

Lo único que nos rescata del pecado y el terrible juicio venidero es la gracia de Dios. Esta quita cualquier posibilidad de orgullo o vanagloria de nuestra parte porque no podemos ganarnos la gracia por nuestras buenas obras. La única respuesta a esta gracia es recibir el regalo del amor de Dios por medio de la fe en Jesucristo.

En nuestra actividad evangelizadora, se lo presentó a Dios como un Dios de misericordia y gracia. Hablamos de la misericordia y la gracia que Jesucristo transmite a los estudiantes confundidos sobre su vida, a las parejas que experimentan dificultades en las relaciones o separaciones, a los que tienen el corazón destrozado por las circunstancias problemáticas y alarmantes fuera de su control, y demás. Si hubieran prestado atención, hasta los satanistas y ateos hubieran podido oír de la gracia y misericordia de Dios para ellos, porque no estaban excluidos de su bondad. Es más, la misericordia y la gracia de Dios es especialmente para que aquellos, que están apartados, vuelvan a Él para siempre.

PARA REFLEXIONAR Y PONER EN PRÁCTICA Imitemos la misericordia y la gracia de Dios: ¿Conoces hoy a alguien que se encuentre en una situación catastrófica y a quién puedas mostrarle misericordia? Puede ser un estudiante nuevo en la escuela que está luchando para integrarse, un amigo cuyos padres se han divorciado, un anciano de la iglesia que ha quedado viudo o un indigente que necesita alimento y abrigo. ¿Cómo puedes hacer que otros se sumen a tu esfuerzo en imitar la bondad de Dios?

¿De qué otra manera puedes imitar a Dios en lo que respecta a la misericordia y la gracia?

La ira de Dios

Por otra parte, en nuestra actividad evangelizadora, Dios fue presentado como un Dios pacientemente irascible. La *ira* de Dios significa que Él detesta intensamente todo pecado, al punto de estar listo para castigarlo hasta las últimas consecuencias. Es difícil hablar de este atributo porque es uno de los que esperamos no tener que experimentar nunca. Sin embargo, la Biblia, tiene mucho que decir al respecto, y nosotros no quisiéramos que Dios fuera diferente, es decir no irascible.

La ira de Dios se suscita cuando aparece el pecado grave y recurrente contra Él. Por ejemplo, aún después de que el pueblo de Israel había sido rescatado de Egipto, había cruzado el mar Rojo, recibido los Diez Mandamientos y presenciado muchos milagros, construyeron un becerro de oro y adoraron este ídolo como si fuera su Dios. Esta rebelión sin sentido encendió la furiosa ira de Dios: "Dijo más Jehová a Moisés: Yo he visto a este pueblo, que por cierto es pueblo de dura cerviz. Ahora, pues, déjame que se encienda mi ira en ellos, y los consuma; y de ti yo haré una nación grande" (Éxodo 32:9–10). Dios estaba tan justamente enfadado con la necedad de su pueblo que estaba listo para castigar el pecado hasta las últimas consecuencias y hacerlos desaparecer totalmente de la faz de la tierra. Si Moisés no hubiera intercedido en oración para que Dios cambiara de parecer, el pueblo de Israel hubiera sido destruido. Pero, en lugar de aprender de esta experiencia, el pueblo continuó provocando la ira de Dios. Cuando varios líderes desafiaron la autoridad de Moisés, Dios ardió de enojo justo y los eliminó. Cuando los israelitas se quejaron por el castigo, Dios comenzó a destruirlos con una plaga. Si alguien no hubiera intervenido, mucho más de quince mil personas habrían muerto al ser eliminadas por la ira divina (Ver Números 16).

Ahora que Jesucristo ha venido, la situación con respecto a la ira de Dios se ha intensificado. Indudablemente, Cristo vino para rescatarnos de la ira divina: "Porque de tal manera amó Dios al mundo, que ha dado a su Hijo unigénito, para que todo aquel que en él cree, no se pierda, mas tenga vida eterna. Porque no envió Dios a su Hijo al mundo para condenar al mundo, sino para que el mundo sea salvo por él" (Juan 3:16–17). Pero este escape se aplica sólo a aquellos que se han aferrado a Jesús. Y para los que lo rechazan, la espantosa ira de Dios y la condenación divina ya ha comenzado: "El que en él cree, no es condenado; pero el que no cree, ya ha sido condenado, porque no ha creído en el nombre del unigénito Hijo de Dios … El que cree en el Hijo tiene vida eterna; pero el que rehúsa creer en el Hijo no verá la vida, sino que la ira de Dios está sobre él" (Juan 3:18, 36).

La gente experimenta la ira de Dios en ciertas circunstancias, aún en vida. Pablo dice: "Porque la ira de Dios se revela desde el cielo contra toda impiedad e injusticia de los hombres que detienen con injusticia la verdad" (Romanos 1:18). Dios les muestra su ira a los pecadores al permitirles padecer las consecuencias amargas de su propia iniquidad. Al mismo tiempo que "por tu dureza y por tu corazón no arrepentido, atesoras para ti mismo ira para el día de la ira y de la revelación del justo juicio de Dios" (Romanos 2:5). No obstante, es más frecuente que la ira de Dios se presente como una experiencia futura que le espera al inicuo. Pablo advierte: "Porque sabéis esto, que ningún fornicario, o inmundo, o avaro, que es idólatra, tiene herencia en el reino de Cristo y de Dios. Nadie os engañe con palabras vanas, porque por estas cosas viene la ira de Dios sobre los hijos de desobediencia" (Efesios 5:5–6).

A nosotros nos espera un futuro diferente: Los creyentes nunca tendremos que enfrentarnos con la ira de Dios debido a la gracia y misericordia de Jesucristo, "quien nos libra de la ira venidera" (1 Tesalonicenses 1:10). "Pues mucho más, estando ya justificados en su sangre, por él seremos salvos de la ira" (Romanos 5:9). Gracias a que escapamos de la ira divina, debemos apartarnos de nuestro viejo estilo de vida: "Haced morir, pues, lo terrenal en vosotros: fornicación, impureza, pasiones desordenadas, malos deseos y avaricia, que es idolatría; cosas por las cuales la ira de Dios viene sobre los hijos de desobediencia, en las cuales vosotros también anduvisteis en otro tiempo cuando vivíais en ellas. Pero ahora dejad también vosotros todas estas cosas: ira, enojo, malicia, blasfemia, palabras deshonestas de vuestra boca" (Colosenses 3:5–8).

¿Por qué Dios no derrama ya rápidamente y de una vez su ira sobre aquellos que la merecen? Aunque detesta intensamente el pecado al punto de estar listo para castigarlo hasta sus últimas consecuencias, Dios también es paciente. Salmos 103 nos recuerda:

Misericordioso y clemente es Jehová;
Lento para la ira, y grande en misericordia.
No contenderá para siempre,
Ni para siempre guardará el enojo. (vv. 8–9)

A pesar de que Dios está listo para expresar su ira, en general se demora en hacerlo. El motivo principal es darle más oportunidades a la gente para que regrese a Él. Pablo lleva a los inconversos a esta conclusión: "¿O menosprecias las riquezas de su benignidad, paciencia y longanimidad, ignorando que su benignidad te guía al arrepentimiento?" (Romanos 2:4). Como Dios es paciente, su bondad al tolerar el pecado y no derramar su ira tiene el propósito de beneficiar a la gente. Otro motivo principal, es darnos a los cristianos más tiempo para compartir las buenas noticias de Jesucristo. Pedro le dice a la iglesia: "El Señor no retarda su promesa, según algunos la tienen por tardanza, sino que es paciente para con nosotros, no queriendo que ninguno perezca, sino que todos procedan al arrepentimiento" (2 Pedro 3:9). La paciencia de Dios nos da muchas más oportunidades para que les hablemos a todos los demás de Cristo. Por eso corremos riesgos y experimentamos persecución al tratar de alcanzar a los demás con las buenas noticias. Sí, Dios es irascible, listo para castigar el pecado hasta las últimas consecuencias posibles. Pero su corazón de amor y gracia retarda la ejecución de este fallo punitivo porque Él no quiere que ninguna persona se enfrente al castigo eterno. Anhela que cada persona se arrepienta del pecado y se aferre a Jesucristo. Tanto su ira inminente como su paciente tolerancia nos desafían a difundir el evangelio y a satisfacer el deseo del corazón de Dios.

PARA REFLEXIONAR Y PONER EN PRÁCTICA Imitemos la ira de Dios: ¿Cómo podemos detestar intensamente el pecado y aún amar a las personas que lo cometen? ¿Estás convencido de que la gente que no se arrepiente de su pecado se enfrentará al castigo eterno de Dios en el futuro y experimentará la ira de Dios? ¿Estás convencido de que la única esperanza para escaparse es escuchar las buenas noticias de Jesucristo y aferrarse a Él como Salvador y Señor? Si estás totalmente convencido, ¿qué deberías hacer?

¿De qué otra manera puedes imitar a Dios en lo que respecta a la ira?

La gloria de Dios

En este punto se presenta la grandeza y la bondad de Dios: Él es omnisciente, completamente sabio, poderoso en todo, siempre benigno, perfectamente santo, recto, celoso, verdadero y fiel, absolutamente soberano, misericordioso y bueno, y pacientemente irascible. No podemos pedir algo mejor o mayor, porque Dios es absolutamente perfecto. No le falta nada, ni siquiera una partecita de cualquier cualidad que se espere que tenga como Dios. Es más, posee todas las excelentes cualidades en cantidad infinita para ser todo lo que, como Dios, debe ser.

Debido a esta absoluta perfección, Dios es completamente bendecido y se deleita totalmente en su excelencia infinita. Imagínate cómo sería estar cien por cien complacido con lo que eres: tu sexo, tu apariencia, tu estatura, tu peso y el tipo de cuerpo, tus talentos y tus habilidades, tus metas y tus motivaciones, tus pensamientos y tus actividades, todo. ¡El contentamiento de Dios consigo mismo eclipsa infinitamente el mayor gozo que tú podrías experimentar alguna vez si estuvieras totalmente satisfecho contigo mismo! Él es todo lo que como Dios debe ser y se complace en quién es. Pero Dios también se deleita en nosotros cuando lo reflejamos en el mundo en que vivimos. Aun cuando es casi imposible comprenderlo, podemos complacer a Dios cuando lo alabamos y honramos, cuando confiamos en Él y lo obedecemos; cuando vivimos auténticamente como personas creadas a su imagen.

Por ser quien es, Dios es gloriosamente hermoso. Su gloria es el resplandor brillante que lo rodea por causa de su majestuosidad. Al hablar de Dios, David elogia a la gente que medita en la hermosura de la gloria de su magnificencia, y en sus hechos maravillosos (Salmos 145:5). El imponente resplandor del sol brilla tenuemente comparado con la gloria de Dios. Esta es la gloria que la gente vio cuando Dios se les apareció. Esta es la gloria que brilló en el tabernáculo y en el templo, en el lugar o santuario donde moraba la presencia de Dios en los tiempos del Antiguo Testamento. Como lo dice Salmos 96: "Alabanza y magnificencia delante de él; poder y gloria en su santuario." (v. 6). Con esta especial presencia de Dios en aquel lugar, no fue una sorpresa que David orara de la manera en que lo hizo:

"Una cosa he demandado a Jehová, ésta buscaré;
   Que esté yo en la casa de Jehová todos los días de mi vida,
Para contemplar la hermosura de Jehová,
   y para inquirir en su templo". (Salmos 27:4)

Los creyentes en Cristo, no adoramos más a Dios en un tabernáculo o en el templo de Jerusalén, ni siquiera necesitamos llegarnos a las instalaciones de la iglesia. Más bien, tenemos acceso a Él en cualquier lugar. Porque Él es todo lo que como Dios debe ser; el Señor es gloriosamente bello. El deseo más profundo de nuestro corazón debería ser buscar a Dios con los ojos de la fe y verlo en su glorioso esplendor. Deberíamos estar cautivados por su hermosura para que todo lo demás (popularidad, habilidad, reconocimiento, dinero, comodidad, placer) palideciera al compararlo, perdiera su atractivo y por último desapareciera. Tal como lo dice la letra de esta canción:

Este es el aire que respiro,
Este es el aire que respiro,
Su santa presencia viviendo en mí,
Y yo, necesito de ti,
Y yo, estoy perdido sin ti.[2]

La gloriosa hermosura de la presencia de Dios en nuestra vida es el único don que nos sostiene y nos da significado. Sin ella estamos irremediablemente perdidos y sin esperanza. Con ella nos transformamos en bellos y podemos reflejar la gloria de Dios en este mundo.

El misterio de la Trinidad

CAPÍTULO 8

Recuerdo muy bien la conversación. La persona con la que estaba hablando se había criado en una iglesia cristiana pero se había apartado hacía tiempo atrás. Desde entonces, se había convertido en testigo de Jehová, luego salió de allí para seguir la filosofía de la Nueva Era y hace poco se convirtió al Islam. Todavía seguía machacando en contra de la creencia de los cristianos sobre la Trinidad.

—¿Ustedes los cristianos creen que el Padre es Dios, verdad?

—Sí —le respondí.

Entonces dibujó un círculo sobre un papel y escribió la palabra "Padre" en el centro. Debajo del círculo puso el número "1".

—¿Y ustedes los cristianos creen que Jesucristo es el Hijo de Dios, verdad?

—Sí —le aseguré.

Dibujó un segundo círculo al lado del primero y escribió la palabra "Hijo" en el medio. También puso el número "1" debajo del círculo.

—¿Y ustedes los cristianos creen en que el Espíritu Santo es Dios, verdad?

—Así es —le dije.

Dibujó un tercer y último círculo al lado de los otros dos y le escribió adentro "Espíritu Santo". Una vez más puso el número "1" debajo del círculo.

Con una sonrisa presentó un simple problema de matemática:

1 + 1 + 1 = 3

Con cara de victoria concluyó:

—Si ustedes los cristianos creen que el Padre es Dios, el Hijo es Dios y el Espíritu Santo es Dios, ¡entonces creen en tres dioses! Pero tanto la Biblia como el Corán, el libro sagrado del Islam, afirman que existe un solo y único Dios. ¡Así que están equivocados!

Le tomé el lápiz a mi nuevo amigo y dibujé un triángulo. En el vértice superior escribí "Padre", en el inferior izquierdo escribí "Hijo" y en el opuesto "Espíritu Santo". Luego intenté explicarle mi dibujo.

—Los cristianos no creemos en tres dioses, sino en un solo y único Dios. En mi dibujo, este único Dios se representa por medio del triángulo. En cada vértice, puse las tres expresiones que equivalen a las tres personas. No quiero decir con esto que un tercio de Dios es el Padre, el segundo tercio es el Hijo y el último tercio es el Espíritu Santo. Mejor dicho, Dios es todo lo que es el Padre; Dios es todo lo que es el Hijo y Dios es todo lo que es el Espíritu Santo. Tampoco quiero indicar con esto que hay tres dioses. Nosotros los cristianos creemos que hay un solo Dios que existe eternamente en tres personas: el Padre, el Hijo y el Espíritu Santo. Esta es la Trinidad.

—¡Entonces, 1 + 1 + 1 no es igual a tres para ustedes! —exclamó mi amigo.

—No —le respondí—. 1 + 1 + 1 = 1, porque los unos que se encuentran a la izquierda de la ecuación se refieren al número de personas de la Trinidad y el número de la derecha se refiere solo al único Dios.

—¡Pero esa matemática es terrible! —protestó mi amigo.

—¡Sí, lo es! —admití—. Pero es la mejor teología, la que resume con mayor precisión lo que la Biblia enseña sobre la Trinidad.

• • • • • • • • • • • • • • • • • • • •

Si alguna vez has conversado con alguien sobre la Trinidad, tu conversación tal vez haya tomado el mismo curso que la mía. Es extremadamente difícil explicar lo que los cristianos creemos y es aún más difícil comprenderlo. Pero esta creencia distingue al cristianismo de las demás religiones. También afirma la base de una relación dinámica y amorosa en la comunidad cristiana. A pesar de que la doctrina de la Trinidad es difícil de entender y de explicar, es muy importante que la creamos.

En un sentido, no debería sorprendernos que la Trinidad sea un concepto difícil de captar. Cuando hablamos acerca de la Trinidad, estamos intentando describir la esencia misma de Dios, literalmente "tres en uno". Vamos más allá de un ensayo sobre las obras de Dios o de una mera plática sobre sus atributos. Cuando hablamos sobre la Trinidad, estamos tratando de describir a Dios tal como Él mismo es.

Lo que la Escritura revela sobre la Trinidad

Algunas personas, por supuesto, dicen que es imposible conocer algo de la esencia de Dios. Pero la Escritura nos da una visión de cómo es Él y también la doctrina de la Trinidad intenta resumir de la Biblia lo que Dios revela sobre su ser interior. En realidad, hay mucho más acerca de Dios de lo que Él mismo revela en la Palabra. Moisés dijo: "Las cosas secretas pertenecen a Jehová nuestro Dios; mas las reveladas son para nosotros y para nuestros hijos para siempre, para que cumplamos todas las palabras de esta ley" (Deuteronomio 29:29).

Por más que lo intentemos, nunca podremos conocer las cosas secretas de Dios. En el mejor de los casos, sólo podremos especular sobre lo que Dios no nos ha revelado en la Biblia. Pero Dios revela algunas cosas en su Palabra sobre su esencia misma, por eso nos encontramos en terreno firme cuando aspiramos a explicar y a entender la Trinidad. Lo que descubramos puede resultar difícil de entender y explicar, y quizá terminemos anhelando poder conocer más. El hecho de llegar a comprender bien el misterio del ser de Dios, debería llevarnos a un estudio más cuidadoso y a una mayor alabanza al considerar la Trinidad.

Antiguo Testamento

El primer capítulo de la Biblia nos da un indicio sobre la Trinidad. Como ya lo hemos dicho, antes de que Dios nos creara, Él deliberó consigo mismo: "Entonces dijo Dios: Hagamos al hombre a nuestra imagen, conforme a nuestra semejanza; y señoree en los peces del mar, en las aves de los cielos, en las bestias, en toda la tierra, y en todo animal que se arrastra sobre la tierra" (Génesis 1:26).

Las palabras *hagamos* y *nuestra* expresadas en plural indican que Dios es más que un ser solitario. Por lo menos son dos personas; de otra manera, dicha conversación divina no hubiera podido tener lugar. También, en otras partes del Antiguo Testamento, se insinúa la pluralidad de las personas que se encuentran en Dios. Por ejemplo, a dos personas se las llama "Dios" en Salmos 45:

"Tu trono, oh Dios, es eterno y para siempre;
Cetro de justicia es el cetro de tu reino.
Has amado la justicia y aborrecido la maldad;
Por tanto, te ungió Dios, el Dios tuyo,
Con óleo de alegría más que a tus compañeros"
(Salmos 45:6–7).

Llama "Dios" a la persona a la que se dirige y como resultado de su justicia, rectitud e ira, esa persona es reconocida por una segunda a quien el salmista llama "Dios, el Dios tuyo". Luego aprenderemos que esta primera persona no es otra más que el Hijo de Dios (Hebreos 1:8). En otro salmo, David escribe:

"Así dijo el Señor a mi Señor:
«Siéntate a mi derecha
hasta que ponga a tus enemigos
por estrado de tus pies» (Salmos 110:1, NVI).

Según Jesús (Mateo 22:41–46), David llamó a una persona "mi Señor" y otra persona que también se llama "Señor" se dirige a esa primera. En otras palabras, Dios el Padre se dirige a Dios el Hijo. Estas indicaciones del Antiguo Testamento remarcan con firmeza la pluralidad de las personas en Dios.

Nuevo Testamento

Esta revelación de la Trinidad se vuelve más clara y completa en el Nuevo Testamento. En el bautismo de Jesús, vemos obrar a las tres personas:

"Y Jesús, después que fue bautizado, subió luego del agua; y he aquí los cielos le fueron abiertos, y vio al Espíritu de Dios que descendía como paloma, y venía sobre él. Y hubo una voz de los cielos, que decía: Este es mi Hijo amado, en quien tengo complacencia" (Mateo 3:16–17).

Durante el bautismo de Jesús, el Padre habla desde el cielo, el Hijo recibe la alabanza hecha por el Padre y el Espíritu Santo desciende sobre el Hijo para comenzar su ministerio. Al finalizar su ministerio, Jesús relaciona de nuevo las tres personas juntas al instituir el bautismo cristiano: "Toda potestad me es dada en el cielo y en la tierra. Por tanto, id, y haced discípulos a todas las naciones, bautizándolos en el nombre del Padre, y del Hijo, y del Espíritu Santo; enseñándoles que guarden todas las cosas que os he mandado; y he aquí yo estoy con vosotros todos los días, hasta el fin del mundo" (Mateo 28:18–20).

Por lo tanto, el bautismo se realiza en el nombre de las tres personas de la Trinidad: el Padre, el Hijo y el Espíritu Santo. La obra que Dios hace al escogernos para que seamos sus hijos es, en definitiva, la obra de las tres personas de la Trinidad, tal como lo explica Pedro: "Elegidos según la presciencia de Dios Padre en santificación del Espíritu, para obedecer y ser rociados con la sangre de Jesucristo" (1 Pedro 1:2).

Por último, Pablo ora bendiciéndonos y en esta bendición reconoce la obra de la Trinidad: "La gracia del Señor Jesucristo, el amor de Dios, y la comunión del Espíritu Santo sean con todos vosotros" (2 Corintios 13:14).

De los indicios encontrados en el Antiguo Testamento y de la revelación más clara y completa del Nuevo Testamento, descubrimos que Dios es en realidad tres personas: el Padre, el Hijo y el Espíritu Santo.

La doctrina de la Trinidad

Para exponerlo de un modo sencillo, digamos que la doctrina de la Trinidad se resume en estas tres afirmaciones:

1. Dios existe eternamente como tres personas distintas: el Padre, el Hijo y el Espíritu Santo.

2. Cada una de estas personas es totalmente Dios: el Padre es Dios, el Hijo es Dios y el Espíritu Santo es Dios.

3. Hay un solo y único Dios.

Tal como lo descubriremos, es esencial creer en cada una de estas afirmaciones.

Afirmación N° 1: Dios existe desde la eternidad como tres personas diferentes

La primera afirmación de la doctrina de la Trinidad se centra en que el Padre, el Hijo y el Espíritu Santo son diferentes entre sí. El Padre no es el Hijo, y el Hijo no es el Padre. El Padre no es el Espíritu Santo, y el Espíritu no es el Padre. El Hijo no es el Espíritu Santo, y el Espíritu no es el Hijo. Hay dos razones principales por las cuales es necesario mantener estas diferencias.

1. *Creer que las tres personas son diferentes unas de otras nos ayuda a entender ciertos pasajes bíblicos.* Por ejemplo, en el bautismo de Jesús, el Padre, el Hijo y el Espíritu Santo están presentes y realizan diferentes acciones. Esto sería imposible si no fueran personas diferentes. También, Juan nos dice: "En el principio era el Verbo, y el Verbo era con Dios, y el Verbo era Dios. Este era en el principio con Dios" (Juan 1:1–2).

La Palabra, el Hijo de Dios, Jesucristo, además de ser Dios en su totalidad también está *con* Dios, lo que significa que es una persona distinta del Padre. Durante su ministerio terrenal, cuando Jesús oraba al Padre, en verdad se dirigía a otra persona; no se dirigía a sí mismo. Jesús prometió que el Espíritu Santo sería enviado por el Padre y el Hijo como "otro Consolador" (Juan 14:16; 15:26), una persona diferente a Él que continuaría su ministerio. El Padre, el Hijo y el Espíritu Santo son personas diferentes.

2. *Entender que Dios existe eternamente como tres personas diferentes también nos ayuda a evitar confusiones.* Las diferencias entre ellos quieren decir que las tres personas juegan papeles diferentes y disfrutan de relaciones diferentes entre ellas. Cuando hablamos de distintos papeles o actividades nos referimos a la Trinidad *económica*. ("Economía del hogar" solía ser una materia en las escuelas de Estados Unidos. La palabra *economía* se refería a las actividades y los estudiantes de economía del hogar aprendían cómo administrar las variadas tareas y responsabilidades del hogar.) El Padre ejerce su papel de *Creador*, por lo que ya sabemos: "En el principio creó Dios los cielos y la tierra" (Génesis 1:1). El Hijo ejerce su papel de *Salvador*, tal como el ángel se lo anunció a los pastores: "os ha nacido hoy, en la ciudad de David, un Salvador, que es CRISTO el Señor" (Lucas 2:11). Y el Espíritu Santo ejerce un papel de *Santificador*, el que hace que los cristianos y la iglesia crezcan. Pablo dice: "santificada por el Espíritu Santo" (Romanos 15:16). Las tres personas son diferentes porque juegan papeles diferentes al ejecutar el plan divino para este mundo.

Más precisamente, deberíamos decir que el Padre juega el papel *primario* en la creación porque ambos, el Hijo como el agente de la creación (Juan 1:3; Colosenses 1:16) y el Espíritu Santo (Génesis 1:2), también participan de esta actividad. De manera similar, podríamos decir que el Hijo desempeña el papel *primario* en la salvación, aunque el Padre la planeó y envió al Hijo (Juan 3:16), y el Espíritu Santo sella dicha salvación (2 Tesalonicenses 2:13). Por último, podríamos decir que el Espíritu Santo desempeña el papel *primario* en la santificación, porque tanto el Padre (Hebreos 2:11) como el Hijo (1 Corintios 1:2) también participan en este proceso de crecimiento. Aunque hay algunas superposiciones, las tres personas se distinguen por sus actividades diferentes en la creación, la salvación y la santificación.

Cuando hablamos sobre las diferencias en las relaciones entre los tres, estamos hablando sobre la Trinidad *ontológica*. *Ontológico* se refiere al ser, por ende la Trinidad ontológica es la que tiene que ver con el ser de Dios desde el punto de vista de las relaciones eternas entre el Padre, el Hijo y el Espíritu Santo. A pesar de ser difícil de entender, podemos comprobar algunos aspectos sobre esto.

Uno de ellos es que el Padre se relaciona eternamente con el Hijo por medio de una relación paternal. Esto quiere decir que el Padre siempre manda, supervisa y dirige al Hijo, y este siempre se somete y lo obedece. Esto no significa que el Padre sea superior al Hijo ni que el Hijo sea inferior al Padre. Mi padre (¡que es un magnífico papá!), aunque es más anciano y sabio que yo, no es superior a mí que soy su hijo. Y mi hijo (¡que es un magnífico hijo!), aunque es más joven y menos maduro que yo, no es inferior a mí que soy su padre. Lo que simplemente quiero decir es que los dos siempre se relacionan uno con el otro como Padre e Hijo. Esto también significa que el Hijo, engendrado por el Padre, depende eternamente de Él para su existencia. Él no creó al Hijo, pero el Padre le dio vida eternamente, le facultó el ser al Hijo. Jesús mismo lo afirma: "Porque como el Padre tiene vida en sí mismo, así también ha dado al Hijo el tener vida en sí mismo" (Juan 5:26). De modo misterioso, el Padre le otorga al Hijo su existencia eterna. En otras palabras, una característica eterna del Padre en relación con el Hijo es la *paternidad* y una característica eterna del Hijo en relación con el Padre es la *progenitura*.

Otro aspecto es que el Espíritu Santo se relaciona con el Padre y el Hijo como aquel que proviene de ambos; así que, una característica eterna del Espíritu Santo en relación con estos dos es la *procedencia*. La procedencia del Espíritu Santo quiere decir que Él depende eternamente tanto del Padre como del Hijo para su existencia; ellos no lo crearon, pero Él viene de ambos. Creemos que esto es cierto porque ambos, el Padre y el Hijo, enviaron al Espíritu el día de Pentecostés para cumplir con su misión. Jesús mismo lo dice al hablar en varias ocasiones durante su ministerio de los sucesos venideros:

- "Mas el Consolador, el Espíritu Santo, a quien el Padre *enviará* en mi nombre" (Juan 14:26).

- "Pero cuando venga el Consolador, a quien yo os *enviaré* del Padre, el Espíritu de verdad, el cual procede del Padre, él dará testimonio acerca de mí." (Juan 15:26).

- "Pero yo os digo la verdad: Os conviene que yo me vaya; porque si no me fuera, el Consolador no vendría a vosotros; mas si me fuere, os lo *enviaré*" (Juan 16:7 versalitas marcadas por el autor).

Al poner juntas las enseñanzas de Jesús y el Espíritu Santo, vemos que este proviene del Padre y es enviado por ambos: el Padre (quien lo envió a Él en el nombre de Jesús) y el Hijo (quien lo envió a Él desde el Padre). En consecuencia, ambos, el Padre y el Hijo enviaron al Espíritu Santo en Pentecostés. Esto indica que los dos tienen una relación eterna para enviarlo y darle vida eternamente (le facultaron el ser). Según uno de los credos de la iglesia o las declaraciones de fe, el Espíritu Santo "procede del Padre y el Hijo".[1]

En resumen, el Padre, el Hijo y el Espíritu Santo son tres personas diferentes en la Trinidad. Las diferencias se evidencian en los distintos papeles que desempeñan; esta es la Trinidad *económica*. El Padre tiene su papel principal en la *creación*, el Hijo tiene su actividad principal en la *salvación* y el Espíritu Santo tiene su función principal en la *santificación*. Las diferencias también se evidencian en las distintas relaciones de las que disfrutan entre ellos; esta es la Trinidad ontológica. Una característica eterna del Padre es la *paternidad*, una característica eterna del Hijo es la *progenitura* y una característica eterna del Espíritu Santo es la *procedencia*. Estas características se revelan en la relación eterna que existe entre las tres personas. El Padre, el Hijo y el Espíritu Santo son tres personas diferentes.

Afirmación Nº 2: Cada una de las personas de la Trinidad es totalmente Dios

Esta segunda afirmación establece que tanto el Padre, como el Hijo, como el Espíritu Santo son Dios en su totalidad. El Padre es todo lo que Dios es, el Hijo es todo lo que Dios es y el Espíritu Santo es todo lo que Dios es. Todos estos atributos de Dios de los cuales hemos dialogado (independencia, inmutabilidad, eternidad, omnipresencia, omnisciencia, sabiduría, poder, amor, santidad, rectitud o justicia, celo, veracidad y fidelidad, soberanía, misericordia, gracia e ira) se aplican de igual manera al Padre, al Hijo y al Espíritu Santo. No existe diferencia entre estas cualidades en las tres personas de la Trinidad. Aunque las diferencias están en el papel que desempeñan y en la relación que existe entre ellos tres, no hay diferencias en lo que respecta a la deidad, los atributos o su naturaleza.

El Padre es Dios en su totalidad. En el caso del Padre, está bien claro que Él es Dios en su totalidad. Todo lo que hasta aquí hemos considerado de Él es cierto. Pero ¿qué hay del Hijo y el Espíritu Santo? ¿Son totalmente Dios como el Padre?

El Hijo es Dios en su totalidad. Antes de transformarse en Dios-hombre, Jesucristo, el Hijo, ya existía como la eterna Palabra de Dios. Juan lo describe así: "En el principio era el Verbo, y el Verbo era con Dios, y el Verbo era Dios. Este era en el principio con Dios. Todas las cosas por él fueron hechas, y sin él nada de lo que ha sido hecho, fue hecho" (Juan 1:1–3).

Con las mismas palabras del comienzo de Génesis, "en el principio" Juan nos dice que la Palabra ya existía antes del mundo y de todo lo creado. Esta Palabra estaba con Dios, lo que significa que era diferente del Padre y disfrutaba de una relación personal con Él. Y esta Palabra era Dios, lo que significa que Él era totalmente divino tal como el Padre. Luego aprendemos que "aquel Verbo fue hecho carne, y habitó entre nosotros" (Juan 1:14). La Palabra que era totalmente Dios y que había existido desde siempre se transformó en Jesucristo hombre. Él se apropió de la naturaleza humana y se transformó totalmente en un ser humano como tú y yo. Jesucristo es Dios-hombre; Él es totalmente hombre y totalmente Dios.

Ocasionalmente, los sábados por la mañana, la gente que pertenece a ciertas sectas como los testigos de Jehová o los mormones me golpean la puerta y entablan una conversación sobre religión. Inevitablemente el diálogo se circunscribe a Jesucristo y este pasaje de Juan pasa a ser el centro de atención. Mis visitantes creen que este pasaje enseña que la Palabra es "un dios" o "algo parecido a un dios". Ellos me muestran su Biblia donde dice: "Y la Palabra era con Dios y la Palabra era un dios". Con eso llegan a la conclusión de que la Palabra, Jesucristo, no es totalmente Dios, a pesar de que puede ser como un dios.

Trato de explicarles con calma que su Biblia está equivocada. A menudo, resulta un poco difícil porque pocos conocen griego, el idioma en el que se escribió originalmente el Nuevo Testamento. Si seguimos el griego veremos que la mejor traducción de Juan 1:1 sería la que ya mencionamos: "En el principio era el Verbo, y el Verbo era con Dios, y el Verbo era Dios".

La Biblia afirma que la Palabra era *Dios* y no un *dios* o algo *como dios*, sino *Dios*. Todas las demás veces que la palabra *Dios* aparece en este capítulo primero de Juan, siempre se refiere a uno que es total y verdaderamente Dios. No hay excepciones. Si se necesitan más evidencias, las podemos ver en el versículo 3: Esta Palabra fue la que dio origen al mundo y a todas las cosas creadas. Es en absoluto imposible que un *dios* o algo *como dios* pudieran haber creado el universo. No, la creación existió porque Dios la creó. La Palabra era Dios y por medio de Él todo lo que existe fue hecho.

El versículo 18 nos da más evidencia: "A Dios nadie le vio jamás; el unigénito Hijo, que está en el seno del Padre, él le ha dado a conocer" (Juan 1:18). Como vemos, nadie ha visto alguna vez a Dios. Pero hay uno que revela al Padre. La Palabra que describe Juan es lo que llamamos el único y solo Dios. No es *un dios* o algo *como dios*. Más bien, Él es el único Dios que revela al Padre.

Esto es posible sólo si Jesucristo es Dios en su totalidad; de otro modo, Él nunca podría revelar totalmente al Padre. Sin embargo, como Cristo es Dios por completo, si lo conocemos a Él quiere decir que conocemos también al Padre, tal como Jesús le dice a su amigo Felipe: "Yo soy el camino, y la verdad, y la vida; nadie viene al Padre, sino por mí. Si me conocieseis, también a mi Padre conoceríais; y desde ahora le conocéis, y le habéis visto.

"Felipe le dijo: Señor, muéstranos el Padre, y nos basta. Jesús le dijo: ¿Tanto tiempo hace que estoy con vosotros, y no me has conocido, Felipe? El que me ha visto a mí, ha visto al Padre; ¿cómo, pues, dices tú: Muéstranos el Padre?" (Juan 14:6–9).

Como Jesucristo es Dios, conocerlo a Él significa conocer al Padre. Al ser Cristo verdadera y totalmente Dios, nos revela la identidad del

Padre a quien nadie ha visto. El autor de Hebreos expresa lo mismo: "El cual, siendo el resplandor de su gloria, y la imagen misma de su sustancia" (Hebreos 1:3). El Hijo, Jesucristo, es una copia exacta de la naturaleza de Dios el Padre. Todo lo que el Padre es: poderoso, benevolente, misericordioso, irascible y soberano, el Hijo también lo es. Cuando conocemos a Jesucristo, conocemos al Padre, porque el Hijo es totalmente Dios.

El Espíritu Santo es Dios en su totalidad. Establecimos que el Padre y el Hijo son Dios en su totalidad. La pregunta ahora es: ¿El Espíritu Santo es totalmente Dios?" Por lo general, hay menos evidencia de esto, pero podemos afirmar la deidad del Espíritu. Debido a que hemos establecido que el Padre y el Hijo son totalmente Dios, los pasajes que relacionan al Espíritu Santo con estos dos indican que el Espíritu es tan Dios como ellos. Cuando Jesús dio las instrucciones para el bautismo: " bautizándolos en el nombre del Padre, y del Hijo, y del Espíritu Santo" (Mateo 28:19) y Pablo pronunció la bendición: "La gracia del Señor Jesucristo, el amor de Dios, y la comunión del Espíritu Santo sean con todos vosotros" (2 Corintios 13:14) podemos llegar a la conclusión adecuada de que el Espíritu Santo es totalmente Dios. Cualquier otra, como por ejemplo, que el Espíritu Santo es algo menos que Dios, no tendría sentido.

Sin embargo hay más. En la aterradora historia del pecado entre los primeros cristianos vemos que Ananías y su esposa Safira venden una propiedad y le donan el dinero ganado a los apóstoles para ayudar a otros creyentes en sus necesidades. Este es un acto en verdad generoso, pero desafortunadamente estos dos no dieron a la iglesia todo lo que provenía de la venta, sino que se quedaron con una parte. Aunque no hubiera tenido nada de malo, el pecado fue aparentar que estaban dando todo el dinero. Pedro los confronta y dice: "Ananías, ¿por qué llenó Satanás tu corazón para que *mintieses al Espíritu Santo,* y sustrajeses del precio de la heredad? Reteniéndola, ¿no se te quedaba a ti? y vendida, ¿no estaba en tu poder? ¿Por qué pusiste esto en tu corazón? No *has mentido* a los hombres, sino *a Dios.*" (Hechos 5:3–4, cursivas del autor). Pedro expone el pecado de Ananías y Safira así: Aunque trataron de engañar a la gente, en definitiva le estaban mintiendo al *Espíritu Santo.* O sea, le estaban mintiendo a *Dios.* Pedro compara la mentira al Espíritu Santo con la mentira a Dios. Indirectamente, entonces, afirma que el Espíritu Santo es Dios.

El Espíritu Santo también demuestra de modo convincente que Él es totalmente divino al exhibir los atributos de Dios. Por ejemplo, está presente en todas partes, tal como David lo describe:

¿A dónde me iré de tu Espíritu?
¿Y a dónde huiré de tu presencia?
Si subiere a los cielos, allí estás tú;
Y si en el Seol hiciere mi estrado, he aquí, allí tú estás.
Si tomare las alas del alba
Y habitare en el extremo del mar,
Aun allí me guiará tu mano,
me asirá tu diestra (Salmos 139:7–10).

El Espíritu Santo también lo conoce todo: "aun lo profundo de Dios. Porque ¿quién de los hombres sabe las cosas del hombre, sino el espíritu del hombre que está en él? Así tampoco nadie conoció las cosas de Dios, sino el Espíritu de Dios." (1 Corintios 2:10–11). Él mismo conoce a las otras personas de la Trinidad, sus planes y propósitos, y todos los misterios del ser de Dios. Como Dios mismo, el Espíritu Santo también actúa con poder divino. No hay mejor lugar donde observar esto que en la encarnación del Hijo de Dios como Jesucristo. Cuando María pide que se le explique cómo ella, siendo virgen, podría concebir y dar a luz un hijo, el ángel le dice: "El Espíritu Santo vendrá sobre ti, y el poder del Altísimo te cubrirá con su sombra; por lo cual también el Santo Ser que nacerá, será llamado Hijo de Dios. Y he aquí tu parienta Elisabet, ella también ha concebido hijo en su vejez; y este es el sexto mes para ella, la que llamaban estéril; porque nada hay imposible para Dios" (Lucas 1:35–37).

El Espíritu Santo existe en todas partes, conoce todas las cosas y es todopoderoso. Debido a que estos atributos le pertenecen sólo a Dios, demuestran que es, en verdad, totalmente Dios.

El Padre es Dios en su totalidad. El Hijo es Dios en su totalidad. El Espíritu Santo es Dios en su totalidad. La segunda afirmación sobre las tres personas de la Trinidad demuestra que *cada una de estas personas, es Dios en su totalidad.*

Afirmación Nº 3: Hay un solo y único Dios

Hasta este momento, he hecho énfasis en las diferencias entre las tres personas de la Trinidad. La tercera afirmación, *hay sólo un Dios*, habla de la unidad de estas tres personas y enfatiza la unicidad de Dios. La exhortación de Moisés al pueblo de Israel lo refleja así: "Oye, Israel: Jehová nuestro Dios, Jehová uno es. Y amarás a Jehová tu Dios de todo tu corazón, y de toda tu alma, y con todas tus fuerzas" (Deuteronomio 6:4–5). El Nuevo Testamento da su testimonio sobre la unicidad de Dios. Por ejemplo, Pablo nos dice que "Dios es uno" (Romanos 3:30) y presenta a Jesucristo como mediador entre este Dios único y la humanidad: "Porque hay un solo Dios, y un solo mediador entre Dios y los hombres, Jesucristo hombre" (1 Timoteo 2:5). En realidad, Santiago explica que la creencia en que Dios es uno constituye una idea bastante básica —tanto para los seres humanos como para los demonios: "Tú crees que Dios es uno; bien haces. También los demonios creen, y tiemblan" (Santiago 2:19).

Gracias a la permanente insistencia de la Escritura de que hay un solo y verdadero Dios, es difícil imaginar cómo alguien podría interpretar que la doctrina de la Trinidad enseña que hay tres dioses. Isaías expresa: "Yo soy Jehová, y ninguno más hay; no hay Dios fuera de mí. Yo te ceñiré, aunque tú no me conociste, para que se sepa desde el nacimiento del sol, y hasta donde se pone, que no hay más que yo; yo Jehová, y ninguno más que yo" (Isaías 45:5–6).

Vemos con claridad que hay un solo y verdadero Dios. Es obvio entonces que, el Padre no es un Dios, ni que el Hijo y el Espíritu Santo son otros dioses. La Biblia evita el triteísmo, la creencia en tres dioses; además, la idea de que los tres están simplemente unidos por el propósito y el pacto no tiene asidero. Más bien, el Padre, el Hijo y el Espíritu Santo son un ser, uno en esencia. En tanto que existe eternamente como tres personas, Dios es uno en su ser intrínseco.

En resumen, he demostrado que la doctrina de la Trinidad consiste de tres afirmaciones:

1. Dios existe eternamente como tres personas diferentes: el Padre, el Hijo y el Espíritu Santo.
2. Cada una de las personas es totalmente Dios: el Padre es totalmente Dios, el Hijo es totalmente Dios y el Espíritu Santo es totalmente Dios.
3. Hay un solo y único Dios.

Cada una de estas afirmaciones es fundamental en nuestra creencia sobre la Trinidad.

Los cristianos y el trino Dios

Cuando los cristianos nos damos cuenta de que al único a quien adoramos es al trino Dios, nuestra comprensión y apreciación de Dios se engrandece mucho. Ya que Él es Padre, Hijo y Espíritu Santo, nuestro Dios es completamente diferente a cualquiera de los tales llamados dioses. Ninguna otra religión se aproxima a entender que Dios es un ser trino, o tres en uno. En realidad, las demás religiones niegan específicamente esta verdad acerca de Dios. Quiere decir que ninguna otra religión adora a un Dios que planea, lleva a cabo y ejecuta una genuina salvación, porque no hay otra religión que tenga a un Dios Padre que se proponga rescatar a la humanidad del pecado y la condenación, y que envíe a su único Hijo a hacerlo. No hay otra religión que tenga a un Dios Hijo que esté dispuesto a obedecer al Padre, deje su gloria, se humille a sí mismo para transformarse en hombre, viva entre nosotros y sufra, muera por los pecados de la humanidad y resucite como un Dios-hombre. No hay otra religión que tenga a un Dios Espíritu Santo que haya sido enviado por el Padre y el Hijo para sellar la obra de salvación en la vida de individuos como tú y yo.

El budismo puede animar a la gente a buscar un estado de felicidad y paz conocido como nirvana, pero esto sólo se logra por medio de la autodisciplina y un continuo ciclo de muerte y reencarnación. En el mejor de los casos, muchos budistas deben existir para ayudar en el proceso. Pero no hay ningún trino Dios, Padre, Hijo y Espíritu Santo, que rompa decididamente el ciclo de sufrimiento y muerte. El hinduismo puede animar a la gente a alcanzar la perfección espiritual para que su alma entre en *moksha*, pero esto se logra sólo por medio de un proceso continuo de reencarnación concerniente a la ley del *karma*. En el mejor de los casos, muchos dioses —especialmente Brahma, Vishnuy Shiva (respectivamente, el Creador, preservador y destructor del mundo)— son los que participan. Pero no hay ningún trino Dios, Padre, Hijo y Espíritu Santo que provea por gracia el regalo de la perfección. El Islam puede enseñarle a la gente que la vida es una preparación y prueba para la próxima vida, y que las buenas obras deben superar a las malas para entrar al cielo. En el mejor de los casos, Dios es sólo un juez de las obras de la gente que obrará misericordiosamente con aquellos que hagan el bien. Pero no hay ningún trino Dios, Padre, Hijo y Espíritu Santo que rescate a aquellos que no pueden salvarse a sí mismos, situación en la que dichas personas se encuentran. ¡Cuán diferente es nuestro Dios, totalmente único y diferente de cualquiera de los dioses de todas las demás religiones!

La Trinidad: Un modelo del amor dinámico

Otra clave para nuestra vida es el fundamento de que la Trinidad proporciona relaciones de amor dinámico en nuestra comunidad. Porque Dios es amor, el Padre, el Hijo y el Espíritu Santo siempre se han amado recíprocamente en la comunidad de la Trinidad; por ende, gozan de una íntima y unida relación entre ellos. Jesús lo refleja al interceder por nosotros ante el Padre: "para que todos sean uno; como tú, oh Padre, en mí, y yo en ti, que también ellos sean uno en nosotros; para que el mundo crea que tú me enviaste" (Juan 17:21).

Este lazo íntimo entre las personas de la Trinidad es eterno y profundo, y vincula al Padre, al Hijo y al Espíritu Santo tanto en cuanto al propósito y acción como a la unidad de su esencia. Sin embargo, hay más, tal como Jesús lo expresa. Este amor dinámico no se proyecta interiormente, para ser compartido entre ellos. Desde la creación del mundo, los tres proyectaron su amor externamente, expresándoselo también a los seres humanos. Este amor crea un vínculo que nos une en la comunidad. En realidad nunca experimentaremos dicho vínculo de unidad en la medida y profundidad que lo experimenta la Trinidad. A pesar de eso, el amor nos unirá con firmeza si vivimos auténticamente como personas creadas a imagen de Dios.

Tal como sabemos, *Dios nos creó a su imagen para que nosotros lo reflejemos en el mundo en que vivimos*. Reflejamos las relaciones de amor dinámico de la comunidad de la Trinidad cuando desarrollamos relaciones de amor dinámico en nuestra comunidad. Conforme a este vínculo íntimo de amor entre el Padre, el Hijo y el Espíritu Santo, el amor que expresamos y compartimos unos por otros puede ser intenso y profundo. Es este *amor dedicado* el que no se desprenderá sino que se fortalecerá cuando más adversa se torne la situación. Es este *amor misericordioso* que perdona cuando nuestros seres queridos nos hieren, decepcionan, fallan o pecan en contra de nosotros. Es este *amor recíproco* el que nos acoge y perdona cuando herimos, decepcionamos, fallamos y pecamos contra nuestros seres queridos. Es este *amor constructivo* el que desea lo mejor para los demás y los edifica para que se transformen en todo lo que Dios quiere que sean. Es este *amor fuerte* el que se rehúsa a mutilar a los demás al hacerlos dependientes de nosotros, sino que los encamina a depender completamente de Dios. Es el *amor sabio* el que ayuda de una manera que discierne y evita que caigamos en la debilidad y en los pecados de los demás. Es este *amor justo* que no tiene favoritismo sino

PARA REFLEXIONAR Y PONER EN PRÁCTICA Imagínate que eres parte de una comunidad que se caracteriza por el tipo de amor que he descrito. Quizá experimentes ese tipo de amor en tu familia. Todos los seres humanos anhelamos tener una familia de ese tipo, que sea una constante fuente de apoyo y desarrollo. Desdichadamente muchas familias hoy día fracasan y se desarman. Entonces ¿dónde podemos encontrar ese tipo de amor aquellos que no lo experimentamos en nuestra familia? Un aspecto de las buenas noticias de Jesucristo es que podemos hallar dicho amor en la iglesia. Realmente, la iglesia es mucho más que una mera comunidad; como creyentes en Cristo, somos adoptados y pertenecemos a la familia de Dios como hijos e hijas. Como miembros de la familia de Dios, pasamos a formar parte de la nueva familia que es la iglesia. Estamos vinculados eternamente como hermanos y hermanas en Cristo, y Dios ha diseñado a la iglesia para que sea el lugar en donde experimentemos ese amor auténtico que describimos.

Pablo dice "solícitos en guardar la unidad del Espíritu en el vínculo de la paz" (Efesios 4:3). Esto significa que el amor dinámico que nos une es en primer lugar un regalo de Dios y no algo que necesitamos crear; está ya presente en la iglesia. En segundo lugar, sin embargo, Pablo nos ordena que "nos esforcemos", nos indica que estas relaciones de amor requieren que se las trabajen para que se desarrollen y fortalezcan. ¿Qué puedes hacer para amar más a los demás? ¿Qué puedes hacer para demostrar este amor genuino que se caracteriza por ser dedicado, misericordioso, recíproco, constructivo, fortalecido y justo? ¿Cómo puedes hacer que tú y tus mejores amigos juntos reflejen relaciones dinámicas de amor en la comunidad de tu iglesia al igual que sucede entre las personas de la Trinidad?

que es igual para todos. Con este tipo de amor como el fundamento de nuestra comunidad, nosotros, como portadores de la imagen de Dios, juntos lo reflejaremos de verdad en el mundo en que vivimos.

En el principio

CAPÍTULO 9

Durante mis estudios universitarios de biología estuve bien compenetrado en la teoría de la evolución. No era una mera teoría que necesitara de pruebas adicionales; nadie podía ni se animaba a refutar esta verdad absoluta.

Como creyente recién convertido, nunca imaginé que pudiera haber otra explicación para el comienzo y la evolución del universo, y el origen de la vida humana. Mis amigos cristianos me mostraban libros que subrayaban los problemas de la teoría de la evolución, sin embargo, todo esto me llevó a un punto crítico en mi vida: ¿Podría abandonar todo lo que había creído sobre el origen y la evolución del mundo? Y ¿con qué lo reemplazaría, con la enseñanza de que Dios es el Creador de todo lo que existe?

Un día hasta debatí sobre la evolución con mi profesor ¡frente a la clase de geología! Mientras yo señalaba los problemas de dicha teoría, él intentaba responder y señalar que en realidad no existían tales dificultades. Aunque en desventaja, porque no era más que un simple estudiante y nadie más en el aula había cuestionado la evolución, sentí que debía al menos sustentar mi opinión. Luego el profesor me preguntó con arrogancia y arrojo: "Entonces, ¿tú en verdad crees en Adán y Eva?"

Sentí que el tiempo se había detenido mientras consideraba mi respuesta. Si negaba el hecho histórico de Adán y Eva, entraría directamente en conflicto con la enseñanza bíblica de la creación y dejaría un problema insalvable para mi posición. Si afirmaba mi creencia, me desafiarían a polemizar sobre la evolución y en definitiva, quedaría como un ridículo a merced de la burla.

Fijé la vista en mi profesor y le respondí lentamente con exactitud: "Sí, creo en Adán y Eva".

Hasta hoy no recuerdo la reacción del profesor y del resto de la clase. En realidad, no importaba. En aquel momento decisivo, me convencí de algo; después de eso nunca más dudaría de las enseñanzas bíblicas sobre la creación.

La creación Ex Nihilo

"En el principio creó Dios los cielos y la tierra" (Génesis 1:1). La Biblia comienza con simplicidad y claridad al presentar la afirmación de que Dios es el Creador del universo y todo lo que este contiene. Esto ha llevado a la iglesia a creer en la teoría del *ex nihilo* que dice que Dios creó todo de la nada (*ex* significa "fuera" y *nihilo* significa "nada"). O sea que Dios no usó ningún material ya existente al hacer la creación. No combinó dos átomos de hidrógeno y uno de oxígeno para hacer el agua ($H2O$), ni tampoco tomó este agua y la mezcló con la tierra para crear las partes sólidas del mundo. Antes de que creara el universo, nada de nada existía a excepción de Él.

El Padre lo hizo por medio del agente creador, su Hijo. Juan dice del Hijo: "Todas las cosas por él fueron hechas, y sin él nada de lo que ha sido hecho, fue hecho" (Juan 1:3). Y Pablo explica más con detalle: "Porque en él fueron creadas todas las cosas, las que hay en los cielos y las que hay en la tierra, visibles e invisibles; sean tronos, sean dominios, sean principados, sean potestades; todo fue creado por medio de él y para él" (Colosenses 1:16). Dios hizo que el universo existiera a través del poder de su palabra tal como lo expresa Salmos 33:

Por la palabra de Jehová fueron hechos los cielos,
    Y todo el ejército de ellos por el aliento de su boca...
Porque él dijo, y fue hecho;
    Él mandó, y existió. (vv. 6, 9)

Evidentemente no había seres humanos presentes en la creación del mundo. No tenemos testigos, ni fotos, ni videos de la creación, por lo que no tenemos manera de confirmar que Dios lo haya hecho. La Biblia hace énfasis en que *creamos* que Dios lo hizo todo y nosotros entendemos esta verdad por *fe*: "Por la fe entendemos haber sido constituido el universo por la palabra de Dios, de modo que lo que se ve fue hecho de lo que no se veía." (Hebreos 11:3). Por fe entendemos que Dios no utilizó moléculas ni componentes que ya existían cuando creó el universo. Más bien, creó el mundo *ex nihilo* por medio de su palabra y todo lo que en este mundo existe se debe a la palabra poderosa de Jesucristo.

El proceso de la creación

El proceso de la creación sigue un orden secuencial y ocurre en seis días:

DÍA	LA CREACIÓN DE
primero	la luz (separación de la luz de la oscuridad)
segundo	el cielo (una expansión para separar las aguas de abajo de las de arriba)
tercero	la tierra y los mares; las plantas que dan semillas y los árboles
cuarto	las dos lumbreras grandes (el sol y la luna)
quinto	las criaturas que viven en el mar y las aves
sexto	las criaturas que viven en la tierra, los animales salvajes; la humanidad

Como hemos visto en un capítulo anterior, todo lo que precedió a la creación de la humanidad apuntaba al clímax de la obra creativa de Dios. Esto quiere decir que la creación del universo está diseñada para la humanidad. Antes de crear al hombre, Dios deliberó consigo mismo; el Padre, el Hijo y el Espíritu Santo consultaron entre ellos: "Entonces dijo Dios: Hagamos al hombre a nuestra imagen, conforme a nuestra semejanza; y señoree en los peces del mar, en las aves de los cielos, en las bestias, en toda la tierra, y en todo animal que se arrastra sobre la tierra" (Génesis 1:26).

Dios llevó a cabo lo que se había propuesto hacer al finalizar dicha deliberación. Después bendijo su creación del ser humano y le dio una orden: "Y creó Dios al hombre a su imagen, a imagen de Dios lo creó; varón y hembra los creó. Y los bendijo Dios, y les dijo: Fructificad y multiplicaos; llenad la tierra, y sojuzgadla, y señoread en los peces del mar, en las aves de los cielos, y en todas las bestias que se mueven sobre la tierra" (Génesis 1:27–28). En esta orden impartida a la humanidad vemos qué propósito tenía Dios al crearnos. Quería que ejerciéramos nuestra autoridad sobre el orden de lo creado. Hemos cumplido con dicho propósito y continuaremos haciéndolo de diferentes maneras. Esto incluye el casamiento, la formación de una familia, la aplicación del conocimiento científico de los terrenos para cultivar, la edificación de rascacielos y la construcción de centros comerciales, escuelas, medios de transporte y viviendas. Otras formas serían las estructuras de la sociedad con sus gobiernos y las organizaciones sociales; las actividades artísticas como la pintura, la música, la danza y el deporte; las comunicaciones por medio de celulares y mensajes instantáneos a través del correo electrónico, y el mejoramiento de la calidad de vida por medio de la medicina y la genética.

Adán y Eva

La creación de Dios de nuestros padres originales está detallada en el segundo capítulo de Génesis. En tanto que el primer capítulo nos da una visión global de la creación, el segundo enfoca la creación de Dios del primer hombre y la primera mujer. La creación del hombre se narra en forma sencilla y en pocas palabras; la de la mujer es más extensa y detallada.

Adán

En lo que concierne al hombre: "Entonces Jehová Dios formó al hombre del polvo de la tierra, y sopló en su nariz aliento de vida, y fue el hombre un ser viviente" (Génesis 2:7). La palabra hebrea (recuerda que el Antiguo Testamento fue escrito originalmente en hebreo) para hombre es *"adam"* y se relaciona con la palabra "tierra" o *"adama"*. Por lo tanto, el primer ser humano es un hombre creado de la tierra. Dios tomó polvo del suelo y lo moldeó para darle la forma de un ser humano, y le dio vida a esta escultura inerte soplándole directamente el aliento de vida. A pesar de que en todas las criaturas vivientes "había espíritu de vida" (Génesis 7:15), sólo en el caso del hombre Dios comunica personalmente este principio de vida. El primer ser humano, el hombre Adán, fue el resultado de esta formación y soplo.

Eva

La historia bíblica de la creación de la mujer es mucho más detallada: "Y dijo Jehová Dios: No es bueno que el hombre esté solo; le haré ayuda idónea para él. Jehová Dios formó, pues, de la tierra toda bestia del campo, y toda ave de los cielos, y las trajo a Adán para que viese cómo las había de llamar; y todo lo que Adán llamó a los animales vivientes, ese es su nombre. Y puso Adán nombre a toda bestia y ave de los cielos y a todo ganado del campo; mas para Adán no se halló ayuda idónea para él. Entonces Jehová Dios hizo caer sueño profundo sobre Adán, y mientras éste dormía, tomó una de sus costillas, y cerró la carne en su lugar. Y de la costilla que Jehová Dios tomó del hombre, hizo una mujer, y la trajo al hombre. Dijo entonces Adán: Esto es ahora hueso de mis huesos y carne de mi carne; ésta será llamada Varona, porque del varón fue tomada." (Génesis 2:18–23).

Después de evaluar toda la creación, Dios declaró que "era bueno" (Génesis 1:31), pero luego enfocó su atención hacia algo que no era tan bueno: la soledad del hombre que había creado. No existía una criatura que fuera el complemento para Adán; ni ningún otro ser viviente le correspondía. Por lo tanto, Dios se propone rectificar esta situación. Le daría una compañera a ese hombre. Dios conocía la soledad de Adán, pero para llamar su atención hizo que desfilaran delante de él todos los animales. A medida que Adán ve al Sr. y la Sra. Mandril, al Sr. y la Sra. Jirafa y al Sr. y la Sra. Rinoceronte se da cuenta de que no hay una Sra. Humana y de que está solo. Dios le induce el sueño y le realiza una cirugía en la que le saca una costilla y con ella diseña a la mujer. Cuando Dios le presenta su regalo al hombre, Adán la abraza con mucho entusiasmo. Se da cuenta de que ella es perfecta para él, es carne de su carne y hueso de sus huesos. No nos sorprende entonces que la haya llamado "Varona" (en hebreo, "*issa*") porque fue tomada del "varón" (en hebreo, "*is*").

En ningún libro de la antigüedad que presenta la historia de la creación, encontramos un relato de la creación de la mujer. El enfoque está siempre en la creación del primer hombre pero la creación de la primera mujer no aparece. ¡Qué diferente es nuestra Biblia en este tema! Esto destaca, sin lugar a dudas, la importancia de las mujeres, aunque ya lo sabemos a través de Génesis 1 y la afirmación que hace diciendo que los hombres y las mujeres son seres creados a la imagen de Dios.

La creación de Dios de la humanidad con seres masculinos y femeninos es sumamente significativa para nosotros. Como ya hemos visto, nos permite reflejar la dinámica relación de amor que hay en la Trinidad. Las diferencias biológicas entre hombres y mujeres nos permiten procrearnos y ¡gozar de este proceso por medio de las relaciones sexuales! Las diferencias en las expresiones femeninas y masculinas le agregan dinamismo y desafío a la vida.

Esto nos muestra que nuestro sexo es un aspecto extremadamente importante para los designios que Dios tiene con respecto a nosotros. En estos tiempos (de operaciones para cambiarse de sexo, travestidos, asexuales y bisexuales) hay confusión con respecto al sexo con el cual Dios nos ha creado. Ya sea que seamos hombre o mujer, debemos aceptar nuestra sexualidad. Dios no se equivocó cuando nos creó como un hombre o una mujer. Por el contrario, tu sexo es parte del perfecto plan de Dios para ti en el mundo en el que vives. Tú eres un hombre hecho a la imagen de Dios o una mujer hecha a la imagen de Dios, ¡según su diseño único!

¿Puedes darle gracias a Dios por el sexo con el que te ha creado?

"Y he aquí que era bueno en gran manera"

Durante las diversas etapas del proceso de la creación, Dios se fijó en lo que había hecho "y vio Dios que era bueno" (Génesis 1:10, 12, 18, 21, 25). Al culminar su obra cúspide con la creación de los seres humanos, "vio Dios todo lo que había hecho, y he aquí que era bueno en gran manera" (Génesis 1:31). Dios estaba complacido con el proceso y sumamente complacido con el producto final, debido a que la creación original era exactamente lo que Él había diseñado. Tal como lo había proyectado, por el poder de su palabra la creación existió y floreció. Esto nos recuerda que cualquier cosa que refleje a Dios le produce un inmenso placer. Él no necesita de nosotros ni de la creación porque se puede complacer totalmente a sí mismo, pero ha diseñado la creación y nos ha diseñado a nosotros con un propósito, y cuando lo cumplimos y reflejamos lo que Él se ha propuesto, Dios se complace.

La creación complace a Dios y también nos deleita a nosotros. Después de crear a nuestros padres, Dios los puso en el huerto del Edén: "Y Jehová Dios hizo nacer de la tierra todo árbol delicioso a la vista, y bueno para comer" (Génesis 2:9). Sin duda, la creación también nos presta servicio porque nos alimenta. Así se nos recuerda la bondad de nuestro Creador, tal como Pablo lo expresa: "si bien [Dios] no se dejó a sí mismo sin testimonio, haciendo bien, dándonos lluvias del cielo y tiempos fructíferos, llenando de sustento y de alegría nuestros corazones" (Hechos 14:17). Vemos que la creación es útil para nosotros y expresa quién es Dios. Sin embargo, la creación es más que eso porque nos trae "alegría a nuestros corazones". Al igual que un artista con inmensa creatividad y sentido de lo maravilloso, Dios ha pintado el mundo con una belleza espléndida. Cada verano, las praderas en las montañas se encienden gracias al colorido de las flores silvestres con su violeta, anaranjado, azul y rosa. El otoño en Nueva Inglaterra trae el cambio anual de colores y el verde del verano da paso a los rojos y amarillos encendidos, los cientos de tonos del color café en el desierto, el intenso azul de los océanos y el colorido plumaje de las aves se despliegan en el mundo como un lienzo en el que Dios ha volcado su máxima y genial expresión artística. Él no ha escatimado nada al crear este mundo que es a su vez una delicia para nuestros sentidos.

Un punto de conflicto

Los cristianos con frecuencia nos enfrentamos al conflicto que surge entre lo que acabamos de decir y la otra realidad de la creación: este mundo y nuestra existencia en él no durarán para siempre. Existe un conflicto entre *disfrutar la belleza* y *respetar la temporalidad*. Por un lado, somos peregrinos en esta tierra, Pedro nos llama "extranjeros y peregrinos" (1 Pedro 2:11) lo que significa que debemos vivir como si no viviéramos aquí. Debemos respetar la temporalidad de nuestra existencia en este mundo. A esto debemos agregarle que nuestro mundo llegará un día a su fin, tal como Pedro lo explica: "Pero el día del Señor vendrá como ladrón en la noche; en el cual los cielos pasarán con grande estruendo, y los elementos ardiendo serán deshechos, y la tierra y las obras que en ella hay serán quemadas" (2 Pedro 3:10).

No podemos aferrarnos a este mundo, porque es temporal y llegará a su fin. Con frecuencia esta perspectiva aparece junto con el rechazo a participar en cuestiones sobre el medio ambiente, de preocupación social y de los derechos humanos que puedan mejorar la condición del hombre. Algunos argumentan: "¿Para qué perder el tiempo en tratar de salvar algo que está destinado a ser destruido?". En lugar de eso, debemos respetar la temporalidad de la existencia de este mundo.

Por otro lado, la creación denota una gran belleza. Dios ha ido mucho más allá del mero provecho y ha dotado a su creación de un magnífico esplendor para que nuestros sentidos lo disfruten. La sabiduría insiste en que apreciemos este regalo glorioso. En Proverbios, se personifica a la sabiduría como a una mujer que actúa, habla y da consejo. En una de esas personificaciones, la sabiduría es la asistente de Dios durante la creación del universo:

Con él estaba yo ordenándolo todo,
Y era su delicia de día en día,
Teniendo solaz delante de él en todo tiempo.
Me regocijo en la parte habitable de su tierra;
Y mis delicias son con los hijos de los hombres.
(Proverbios 8:30–31)

La respuesta de la sabiduría a esa creación divina es el regocijo y la felicidad. La sabiduría abraza al mundo y a todo lo que Dios pone allí, en especial a los seres humanos. Por lo tanto, si seguimos este consejo debemos disfrutar de la belleza de la creación.

Entonces ¿cómo resolvemos este conflicto? ¿Deberíamos simplemente ignorar la belleza del orden creado? ¿Deberíamos rechazar vivir en este mundo con los placeres y deleites que Dios nos ha dado? ¿Deberíamos permanecer apartados de cuestiones referentes al desarrollo y mejoramiento humanos? ¿O deberíamos buscar placer en la creación, disfrutar del mundo y aferrarnos a algo pasajero? ¿Deberíamos esforzarnos en mejorar el mundo que hoy existe y que mañana desaparecerá o deberíamos *disfrutar de la belleza* tanto como de nuestra *temporalidad*?

No es fácil responder a esto porque los cristianos estamos en ambos lados del conflicto. Creo que batallarás con este conflicto toda tu vida; al menos ¡espero que así sea! Meditemos en esto: Pablo se dirige a los ricos de este mundo (comparados con el resto del mundo, tú y yo pertenecemos a esta clase, sin importar nuestra condición socioeconómica): "A los ricos de este siglo manda que no sean altivos, ni pongan la esperanza en las riquezas, las cuales son inciertas, sino en el Dios vivo, que nos da todas las cosas en abundancia para que las disfrutemos. Que hagan bien, que sean ricos en buenas obras, dadivosos, generosos; atesorando para sí buen fundamento para lo por venir, que echen mano de la vida eterna" (1 Timoteo 6:17–19).

Mientras vivamos en este mundo debemos evitar varias cosas. Debemos evitar estar llenos de orgullo y vivir con arrogancia aunque nuestras habilidades y logros sean el resultado de nuestro propio trabajo y esfuerzo. No deberíamos confiar en lo que hemos hecho o acumulado, porque aquellas cosas son inciertas y pueden desaparecer con rapidez, dejándonos sin nada a qué aferrarnos. Más bien, deberíamos recordar que todo lo que tenemos es un regalo de Dios para que nuestra esperanza se deposite en Él. Debemos aprovechar nuestros privilegios para hacer el bien a los demás y ayudar a aquellos que son menos afortunados que nosotros. Esto incluye a los pobres, los indigentes y los enfermos. También se extiende a los amigos que están en situaciones familiares desesperantes y a las familias donde sólo hay un padre o una madre a quienes se los puede ayudar por medio de proyectos vecinales o escolares como limpieza, construcción de viviendas y distribución de útiles escolares y regalos en Navidad. Esto nos recompensa de dos maneras: nos produce gran satisfacción y es una prueba de las buenas obras que complacen a Dios según las cuales Él nos juzgará.

Por último, y muy importante en nuestro debate, debemos disfrutar de las muchas cosas que Dios nos ha dado en abundancia. Él no es un avaro renuente a quien tenemos que coaccionar para que nos dé unas baratijas aquí y allá. Más bien, nos da con generosidad para que lo disfrutemos. Esta declaración nos alienta a ver a Dios como un derrochador de regalos que trata de que disfrutemos de cada cosa que nos provee. Sin embargo, lo que podamos disfrutar aquí no puede compararse con lo que vendrá. Cuando estemos con Jesús tendremos la vida verdadera. La temporalidad de la existencia humana en la tierra requiere que no apostemos todas las fichas a la existencia en este mundo, sino que disfrutemos de la vida aquí mientras esperamos que llegue el placer mayor de la vida que vendrá.

Posturas que se oponen a la creación

La doctrina de la creación se opone a diferentes posturas y filosofías que las personas sostienen hoy en día.

El materialismo

Una de las posturas que se opone a la creación es el *materialismo*. Aunque de inmediato podemos pensar que esta postura hace énfasis en las posesiones y la acumulación de bienes y dinero (piensa en la gente que siempre quiere tener más dinero, casas más amplias, mejores juguetes, o vehículos más veloces) yo tengo una idea diferente de lo que es el materialismo. Esta postura sostiene que toda la realidad (o sea, todo lo que existe, desde los planetas, las estrellas, los seres humanos y la existencia toda) es, en definitiva, por naturaleza, material. Hasta nuestras decisiones morales, la voluntad, nuestra visión de Dios y la adoración a Él, nuestra fe en Jesucristo, la conciencia que tenemos de ser guiados por el Espíritu Santo, todo es producto de la materia y de los procesos naturales y físicos. Por supuesto, el materialismo niega la existencia de Dios. También niega la existencia del alma humana y la vida después de la muerte. La materia y el mundo material es todo lo que existe. ¡Qué manera más desesperanzada de pensar en nuestra existencia! La doctrina de la creación insiste en que el materialismo tiene una postura equivocada de la realidad.

El panteísmo

La doctrina de la creación también se opone al *panteísmo* (*pan* significa "todo" y *teos* significa "dios"). Esta postura sostiene que Dios es todo y todo es Dios. Los panteístas igualan a Dios con el universo, por lo que algunos adoran a la tierra, al viento, a los árboles como si fueran dios o dioses. Otros hablan de "la madre tierra" o "la madre naturaleza" como si el mundo físico y los procesos naturales fueran un ente personal capaz de tomar decisiones y ejercer un control soberano sobre el curso de la naturaleza. Algunas religiones orientales como el budismo, insisten en que la meta de la existencia humana es fusionarnos en una unidad con el universo y eventualmente ser uno con Dios. Sin embargo, es un error identificar a Dios con su creación porque Él está separado de todo lo que ha creado. Como nuestro Dios santo, Él está exaltado por sobre todo lo que ha creado. La doctrina de la creación insiste en que el panteísmo es una postura equivocada de la realidad.

El panenteísmo

El *panenteísmo* (*pan* significa "todo", *en* significa "en", y *teos* significa "dios") se opone también a la doctrina de la creación. Esta postura sostiene que Dios está en todo. El movimiento de la Nueva Era y otras sectas instan a sus seguidores a desarrollar el dios que está en ellos. Una disciplina clave es avivar las llamas de "la chispa de Dios" dentro de la persona para parecerse más y más a Él. Los cristianos estamos de acuerdo con que Dios está presente en todas partes y que nosotros somos portadores de su imagen para reflejar a Dios en nuestro mundo al transformarnos más y más a su imagen. En realidad, Dios es inmanente y está íntimamente asociado a su creación: ¡Él es "Emanuel"! que significa Dios con nosotros (Mateo 1:23). Sin embargo, el cristianismo difiere con el panenteísmo en un punto clave: Dios no es sólo inmanente, también es trascendente. Esto quiere decir que no puede estar contenido en todo lo que existe. Su existencia no está limitada a lo que existe ahora. Él es mucho mayor que el universo y, por cierto, lo gobierna. La doctrina de la creación insiste en que el panteísmo es una postura equivocada de la realidad.

El dualismo

Otra postura que entra en conflicto con la doctrina de la creación es el *dualismo* (*dual* significa "compuesto de dos partes"). Esta postura sostiene que hay dos fuerzas —Dios y el universo— que han existido eternamente y que están enfrentadas en una batalla mortal la una contra la otra. En numerosos episodios de *Star Wars* (La Guerra de las Galaxias), los dos bandos de la "Fuerza" —el bueno y el malo— constituyen una forma de dualismo. El filósofo Platón creía que el espíritu humano era inherentemente bueno y que el cuerpo era inherentemente malo. Algunos cristianos tratan a Satanás y a su poder casi de la misma forma que a Dios y a su gracia. Lo bueno contra lo malo, el espíritu contra el cuerpo, Dios contra Satanás son ejemplos comunes del dualismo. En cada tipo de dualismo existe algo que es, en definitiva, como Dios mismo. Por supuesto, niega que Dios es el único soberano Señor que gobierna sobre todo lo que existe. También pone en peligro el futuro, porque si dicho dualismo fuera verdadero, podría darse el caso de que la maldad triunfara finalmente sobre Dios y sus designios sobre el universo. Por último, el dualismo es importante en la creación porque presenta una postura inherente del mal y más aún, algo que debemos rechazar. El apóstol Pablo, sin embargo, nos recuerda todo lo bueno que tiene este mundo debido a que Dios lo creó: "Porque todo lo que Dios creó es bueno, y nada es de desecharse, si se toma con acción de gracias" (1 Timoteo 4:4). La doctrina de la creación insiste en que el dualismo es una postura equivocada de la realidad.

La evolución

La doctrina de la creación también se contrapone a varias teorías científicas comunes acerca del comienzo y desarrollo del universo, y el origen de la vida. La más conocida es la de la *evolución*. Esta postura sostiene que mediante un proceso gradual de cambio, comenzado con la materia inorgánica, todo lo que existe tomó vida y se desarrolló sin Dios. Este proceso ocurrió en millones de años y abarcó mutaciones fortuitas (cambios accidentales en la estructura genética de los seres vivientes), selecciones naturales (la preferencia de las criaturas para adaptarse a sobrevivir en su medio ambiente) y el proceso de evolución de las especies (el desarrollo de nuevas especies por medio de cambios rápidos en masa). Dios no es un factor en este proceso, porque la evolución ocurrió, por completo, en forma accidental y por medio de cambios materiales y naturales.

Los cristianos deben rechazar cualquier explicación totalmente evolucionista del origen y desarrollo del universo porque las enseñanzas de la Escritura son claras: Dios en verdad creó el mundo y todo lo que en él hay. Otra razón para rechazarla es el gran número de problemas que presenta la teoría de la evolución, problemas que tanto los cristianos como los científicos incrédulos señalan. Por ejemplo, Michael Behe destaca la complejidad maravillosa de hasta el más simple de los organismos vivientes. La idea de que esta complejidad haya sido desarrollada en forma gradual a partir de partes y sistemas más simples no tiene sentido, porque antes de que se uniesen y funcionaran como un todo, eran insignificantes por sí mismas. Behe lo ilustra al analizar una sencilla trampa para ratones. Las diferentes partes de la trampa: plataforma, resorte, barra contenedora y martillo, son inútiles por separado, por lo que nunca podrían haberse formado gradualmente a través del tiempo para llegar a ser una trampa para ratones. La complejidad irreducible de esta máquina sencilla que requiere de varias partes para funcionar como una trampa no nos da lugar a pensar en una evolución gradual de las partes hasta llegar a un todo. Cuando este principio de complejidad irreducible se aplica a los organismos vivientes más simples —que aún son más complejos que una trampa para ratones— la teoría del desarrollo evolucionista presenta muchos problemas.[1] La doctrina de la creación, junto a un número creciente de dificultades que surgen con la teoría de la evolución, insiste en que esta es una postura equivocada de la creación, de su origen y desarrollo.

La evolución teísta

Una segunda postura que presenta la evolución, pero que se diferencia de la primera al incluir a Dios en este proceso, es la llamada *evolución teísta*. Según esta teoría, Dios se vale de procesos evolucionistas para producir la mayoría de las cosas que vemos en el mundo. Sin embargo, en ciertos momentos, Dios interviene en este proceso. Lo hizo al comienzo del universo para crear la materia original a partir de la cual todo lo demás tomaría forma. Intervino en el proceso evolucionista para producir las formas más sencillas de vida a partir de las cuales toda la materia orgánica o las cosas vivientes surgirían con el tiempo. Participó en el desarrollo evolucionista de los homínidos —precursores del *homo sapiens*— para originar a los seres humanos. Sin embargo, fuera de estas pocas intervenciones, Dios se vale normalmente del proceso de la evolución para desarrollar al mundo que conocemos hoy.

Los cristianos también deben rechazar la explicación de la teoría de la evolución del origen y desarrollo del universo. La causa más importante es el conflicto que presenta con la descripción bíblica del plan y el control de Dios sobre la creación. Al leer el relato de la creación en Génesis, vemos a Dios con un propósito determinado dándole forma a la luz, al cielo, a la tierra, al mar, a las plantas y a los árboles, a las criaturas del mar y a las aves, a los animales terrestres y los salvajes; todos ellos constituyen los preparativos para su máxima ejecución creativa: la creación de los seres humanos a su imagen. Este plan maestro se opone a la casualidad del principio de la evolución. Dicho principio insiste en que las mutaciones o los cambios en la estructura genética de los seres vivientes ocurren totalmente por casualidad; no da lugar a un fin determinado. Si consideramos correcta la idea de que la mayoría de las mutaciones son perjudiciales, entonces los evolucionistas teístas deben creer que los cambios en su mayoría perjudiciales y meramente accidentales constituyen la fuerza impulsora que hay detrás del desarrollo del universo. Este modelo horroroso y destructivo está en total desigualdad con el modelo bíblico de la creación que se ejecuta por medio de la sabiduría divina y de la evocación de las delicias y el placer. Otra razón para rechazar la evolución teísta es la cantidad de problemas con la teoría de la evolución, tal como se presentó anteriormente. La doctrina de la creación, junto con un número cada vez más grande de dificultades que surgen con la teoría de la evolución, insiste en que la evolución es una postura equivocada de la creación, de su origen y desarrollo.

El creacionismo

Al rechazar las explicaciones de la evolución y el teísmo sobre el origen y desarrollo del universo, la mayoría de los cristianos concuerdan en los siguientes puntos:

- Dios creó el universo y todo lo que este contiene, y lo creó *ex nihilo* (de la nada), por medio del habla, de la palabra poderosa de Jesucristo.
- El proceso de la creación siguió un orden secuencial que apuntaba al clímax de la obra creativa de Dios: la humanidad.
- Una deliberación divina entre el Padre, el Hijo y el Espíritu Santo, seguida de la ejecución de dicho plan dio lugar a esta creación especial de los seres humanos: la creación de Adán y Eva a la imagen de Dios.
- Dios se complació al ver el producto terminado y la creación a su vez nos deleita a nosotros y expresa cómo es Dios.

Aunque existe un acuerdo general sobre estos puntos, los cristianos están en desacuerdo en otros temas referentes a la doctrina de la creación. La mayoría cae en una de estas dos categorías: el *creacionismo de la tierra joven* y el *creacionismo progresivo* (*de la tierra vieja*). Ambas posturas difieren en ciertos puntos.

El creacionismo de la tierra joven

Por su parte, el creacionismo *de la tierra joven* cree que la obra creativa de Dios se realizó en un período de seis días, en el cual el término *día* usado en Génesis 1 se refiere a un período de 24 horas tal como lo indica la expresión "y fue la tarde y la mañana un día [el primero, el segundo, el tercero, el cuarto, el quinto o el sexto]" (Génesis 1:5, 8, 13, 19, 23, 25). Esto lo confirma el cuarto mandamiento que dice que Dios descansó el séptimo día después de los seis días en que trabajó en la creación: "Porque en seis días hizo Jehová los cielos y la tierra, el mar, y todas las cosas que en ellos hay, y reposó en el séptimo día" (Éxodo 20:11) Dicho mandamiento pasa a ser la norma para el trabajo y el descanso de la humanidad. Según esta teoría, la edad real de la tierra es bastante joven; alrededor de unas decenas de miles de años. Los alegatos científicos que demuestran evidencias de lo contrario (como las demostraciones de que la tierra tiene miles de millones de años) se basan en mediciones defectuosas y presuposiciones erróneas.

El creacionismo progresivo

Por otra parte, el *creacionismo progresivo* (*de la tierra vieja*) cree que la obra creativa de Dios fue hecha en el transcurso de un largo período de tiempo. La tierra es mucho más vieja que las decenas de miles de años que demuestran las evidencias científicas más confiables; en realidad, tiene muchos miles de millones de años. Pero esto no significa que Dios se haya valido de la evolución para formar el mundo; más bien, su creación se produce en forma progresiva en un período prolongado de tiempo. Él estableció y desarrolló un medio ambiente inicial; cuando este se consolidó, Dios creó un nivel superior, luego agregó un tercero y así sucesivamente. Según algunos creacionistas progresivos, el término *día* en Génesis 1 se refiere en realidad a un período largo de tiempo. Por ejemplo, la creación, el desarrollo y la diversificación de las numerosas plantas que dan semilla y de los árboles que dan fruto en el "tercer día" le llevó a Dios decenas de millones o cientos de millones de años (Génesis 1:11–13). Otros creacionistas progresivos creen que los "días" que se relatan en Génesis 1 son en realidad de 24 horas pero separados por largos períodos de tiempo. Según esta perspectiva, en realidad, Dios creó las numerosas plantas que dan semilla y los árboles que dan fruto en el "tercer día", pero esas plantas y esos árboles experimentaron un desarrollo y una diversificación durante decenas o centenas de millones de años antes de que Dios se embarcara en la siguiente obra creativa del cuarto día. Durante la mayor parte de su existencia, la iglesia ha creído que Dios creó el universo y todo lo que hay en él en un período de seis días, sólo que hace miles de años atrás. En el siglo diecisiete, Santiago Ussher intentó calcular el tiempo exacto de la creación y lo ubicó en el año 4004 a.C. Los descubrimientos científicos del siglo pasado nos instan a reevaluar estas propuestas. La mera edad de la tierra (ya sean diez miles de años como máximo, de acuerdo a los creacionistas de la tierra joven, o a centenas de millones de años como mínimo, según el creacionismo de la tierra vieja) es un punto que divide a los cristianos. Un elemento clave en la diversidad de estas posturas es la correlación de las evidencias científicas con la enseñanza bíblica. Otra clave es la diferencia en la interpretación de Génesis 1 y otros pasajes bíblicos.

PARA REFLEXIONAR Y PONER EN PRÁCTICA Aunque debatir este tema va más allá del alcance de este libro, te insto a que lo investigues. Hay muchos libros excelentes en las bibliotecas y librerías.

La creación glorifica a Dios

La creación del universo y todo lo que él contiene glorifica a Dios y conduce a la alabanza extraordinaria. La creación muestra en especial el poder, la sabiduría y el conocimiento de Dios tal como Jeremías lo afirma:

"El que hizo la tierra con su poder, el que puso en orden el mundo con su saber, y extendió los cielos con su sabiduría" (Jeremías 10:12).

Además, la creación demuestra la soberanía de Dios, tal como esta canción de alabanza lo repite:

"Señor, digno eres de recibir la gloria y la honra y el poder; porque tú creaste todas las cosas, y por tu voluntad existen y fueron creadas" (Apocalipsis 4:11).

De una manera soberana, Dios dispuso crear el mundo para que supliera las necesidades de las personas en todas partes y exhibiera también su bondad: "[Dios] si bien no se dejó a sí mismo sin testimonio, haciendo bien, dándonos lluvias del cielo y tiempos fructíferos, llenando de sustento y de alegría nuestros corazones" (Hechos 14:17).

Poder, sabiduría, soberanía y bondad; estos y otros atributos de Dios se reflejan en la creación. Al contemplar las maravillas de este mundo creado, fluyen en nosotros las alabanzas. ¡No es de extrañarse que encontremos tantas canciones de alabanza a Dios por su creación en la Escritura! Por ejemplo: "Bendecid a Jehová vuestro Dios desde la eternidad hasta la eternidad; y bendígase el nombre tuyo, glorioso y alto sobre toda bendición y alabanza. Tú solo eres Jehová; tú hiciste los cielos, y los cielos de los cielos, con todo su ejército, la tierra y todo lo que está en ella, los mares y todo lo que hay en ellos; y tú vivificas todas estas cosas, y los ejércitos de los cielos te adoran" (Nehemías 9:5–6).

¡Asegúrate de adorar a Dios por su magnífica obra de la creación con alabanza extraordinaria!

Bien planeado
desde el principio al fin

CAPÍTULO

10

Mientras asistíamos a una conferencia misionera, mi esposa y yo nos sentimos desafiados a tomar ciertas decisiones con respecto a nuestro estilo de vida, para tener un mayor compromiso con la causa de Jesucristo en el mundo. Una de esas decisiones se refería a nuestra manera de gastar el dinero. Este era el desafío: cuando compráramos algún artículo de lujo (algo que no era esencial) daríamos esa misma cantidad de dinero a algún misionero o proyecto misionero. El desafío se presentó con esta intrigante sorpresa: Dios honraría lo que diéramos y nos bendeciría, porque el mismo Jesús lo dijo: "Dad, y se os dará; medida buena, apretada, remecida y rebosando darán en vuestro regazo; porque con la misma medida con que medís, os volverán a medir" (Lucas 6:38).

Aun cuando Jesús fue quien hizo esta promesa, aceptar el desafío nos parecía bastante difícil porque significaría dos cosas. Primero nos obligaría a pensar con más cuidado en la compra del artículo de lujo que queríamos. Segundo, nos costaría el doble. A pesar de estas restricciones y considerando la promesa de Jesús, decidimos aceptarlo.

Como éramos recién casados habíamos decidido que el regalo que nos compraríamos para nuestro primer hogar sería una silla mecedora. Cuando salimos de la mueblería con la silla nos miramos y nos pusimos de acuerdo en que, al llegar a casa, tendríamos que librar un cheque por $159,41 y se lo enviaríamos a un amigo misionero. Nos sentimos sumamente satisfechos y gozosos porque habíamos hecho algo que influiría en gran manera en la obra de Cristo, más de lo que habíamos hecho en el pasado.

Al poco tiempo recibimos una carta alentadora de un ex compañero de la universidad. Nos contaba de lo mucho que habíamos influido en su vida y de su deseo de expresar este agradecimiento de una manera concreta. Como había ganado un premio por haber sido el vendedor del mes nos enviaba $125. ¡Nos sentimos bastante animados, por no decir muy animados! Días después nos llegó una carta de la compañía de seguros para avisarnos que el monto de la póliza se había reducido porque, al mudarnos a otro lugar, el costo era menor y nos enviaban un reembolso. Casi se me cae el cheque de las manos cuando vi el monto de $34,41. Estos dos inesperados cheques sumaban $159,41, ¡el mismo monto que habíamos gastado en la silla mecedora y que habíamos enviado a las misiones!

Quizá algunas personas que oigan esta historia llegarán a la conclusión de que esta serie de sucesos fue una simple coincidencia. Los mismos $159,41 que dimos fueron los que recibimos y esto no era más que un suceso casual. Obviamente, mi esposa y yo (y espero que tú también) arribamos a una conclusión diferente basándonos en nuestro conocimiento de Dios. Detectamos sus maravillosas manos detrás de los hechos, al orquestar esta "conspiración de circunstancias" para bendecirnos, hacer cumplir la promesa de Jesús y fortalecer nuestro compromiso con las misiones. Dios ha creado el mundo con un propósito y Él está constantemente obrando para llevar a cabo su plan y consumar su voluntad en todas las cosas. Nuestra historia es un mero ejemplo de esta maravillosa verdad.

La providencia de Dios

¿Pura coincidencia o providencia divina? ¿Las circunstancias de nuestra vida ocurren por accidente, casualidad o azar, o los hechos que ocurren y las personas que se acercan y se alejan de nuestra vida actúan según una pieza teatral bien planeada que responde al propósito de Dios? Mucha gente cree que la vida no es más que una mera coincidencia. No comprenden, o han perdido el sentido de que un propósito divino yace en el orden creado y se expresa a través de los hechos. Sin embargo, la iglesia siempre ha creído algo diferente y ha mantenido una visión de la providencia divina. La *providencia* de Dios es su participación continua, personal e íntima en todo lo que ha creado para derramar sus delicias y consumar su eterno plan. Nuestra perspectiva descarta los accidentes, las casualidades, el azar y las coincidencias. Más bien, todo lo que sucede es producto de un plan amplio y soberano de nuestro poderoso Dios.

El apóstol Pablo resume la providencia de Dios en una oración: "En él asimismo tuvimos herencia, habiendo sido predestinados conforme al propósito del que hace todas las cosas según el designio de su voluntad" (Efesios 1:11). Dios tiene un plan para nosotros los cristianos, un plan que fue concebido antes de que existiéramos. De acuerdo a este plan, Dios nos ha predestinado, nos ha elegido para que seamos sus hijos por medio de Jesucristo. Nos ha rescatado del pecado y de la separación eterna de Él porque es un Dios misericordioso y de amor. ¡Nosotros somos cristianos porque Dios en su gracia nos escogió!

Pero hay mucho más. La predestinación de Dios para que nosotros nos transformáramos en creyentes es sólo una parte de la historia de su maravillosa y amplia obra en el mundo. En realidad, Dios se ha propuesto obrar en *todas* las cosas según su voluntad. Todo lo que sucede: la creación del universo, la historia de la humanidad, la vida y la muerte de Jesús, nuestro destino eterno en el cielo o en el infierno y el futuro, es el resultado de lo que Dios ha planeado para este mundo y nuestra existencia aquí.

La Escritura no presenta descripciones abstractas de la providencia de Dios. El plan de Dios y la eficacia del resultado se presentan como una parte esencial de la postura bíblica, preferentemente por medio de la narrativa. Por ejemplo, José el hijo favorito de Jacob, enfureció a sus hermanos al contarles un sueño en el que él, el menor de todos, se convertía en el soberano de los demás. Para deshacerse de él, sus hermanos lo vendieron como esclavo y aparentaron que un animal salvaje se lo había devorado. En Egipto, el país donde fue enviado como esclavo, José alcanzó un gran éxito y llegó a tener el cargo más alto después de Faraón. Fue particularmente diligente al almacenar alimento para el tiempo de escasez. Gracias a su sabia supervisión, José libró al pueblo de Egipto de morirse de hambre. Sus hermanos oyeron que en Egipto había alimento y fueron a comprar granos... ¿y a que no sabes con quién tuvieron que tratar? ¡Con José! Pero ellos no tenían idea de quién era. José se dio cuenta de que el sueño se había hecho realidad y que él, en verdad, era soberano sobre sus hermanos. Entonces se identificó y ellos se aterrorizaron al pensar en el posible castigo o revancha por haber conspirado contra él:

"Y les respondió José: No temáis; ¿acaso estoy yo en lugar de Dios? Vosotros pensasteis mal contra mí, mas Dios lo encaminó a bien, para hacer lo que vemos hoy, para mantener en vida a mucho pueblo" (Génesis 50:19–20). A pesar de que la intención de sus hermanos era perjudicarlo, José vio detrás de sus actos maléficos la providencia de Dios que lo llevó a una posición para revertir la situación en beneficio. La maldad que se habían propuesto hacer los hermanos de José, Dios la transformó en una obra de provecho. La "conspiración de las circunstancias" llevaron a cabo su plan.

Los hechos que desataron y culminaron con la muerte de Jesús también demuestran la providencia de Dios. Pedro lo describe en uno de sus sermones: "Jesús nazareno, varón aprobado por Dios entre vosotros con las maravillas, prodigios y señales que Dios hizo entre vosotros por medio de él, como vosotros mismos sabéis; a éste, entregado por el determinado consejo y anticipado conocimiento de Dios, prendisteis y matasteis por manos de inicuos, crucificándole" (Hechos 2:22–23).

Los discípulos alabaron por medio de la oración al Señor el cumplimiento del plan divino de Dios: "Porque verdaderamente se unieron en esta ciudad contra tu santo Hijo Jesús, a quien ungiste, Herodes y Poncio Pilato, con los gentiles y el pueblo de Israel, para hacer cuanto tu mano y tu consejo habían antes determinado que sucediera" (Hechos 4:27–28).

El propósito y la voluntad de Dios eran que Jesús sufriera la muerte en manos de los impíos. La crucifixión fue el resultado exacto de lo que Dios había planeado, el logro preciso de su estrategia sabia para salvar a la humanidad del pecado y la destrucción; y Herodes, Poncio Pilato, los soldados romanos y los judíos jugaron un papel preponderante en eso. La "conspiración de las circunstancias" ejecutaron el propósito providencial de Dios para nuestra salvación.

El decreto de Dios

Hasta aquí este punto es verdadero y claro: Dios tiene un propósito para el mundo que ha creado y Él interviene en todo para llevar a cabo su plan, al cual le llamamos su decreto. El *decreto* de Dios es su plan eterno por medio del cual determinó que todo lo que suceda será para su gloria. Antes de crear el mundo, podríamos decir desde el pasado de la eternidad, Dios se propuso hacer lo que haría. Esto quiere decir que su plan no se va diseñando a medida que ocurren los hechos o pasa el tiempo. Lo que sucede en nuestro mundo es el resultado del decreto de Dios, pero este plan siempre ha estado establecido. En realidad, su decreto nos garantiza que todo lo que suceda será exactamente como Él se lo propuso. Su decreto es cien por cien eficaz, tal como nos lo asegura la Biblia. Salmos 33 nos señala la eficacia de Dios al crear el mundo para asegurarnos la efectividad de su decreto:

"Porque él [Dios] dijo, y fue hecho;
Él mandó, y existió...
El consejo de Jehová permanecerá para siempre;
Los pensamientos de su corazón por todas las
generaciones".
(vv. 9, 11.)

Dios nos asegura que su plan se cumplirá:

"Jehová de los ejércitos juró diciendo: Ciertamente se hará de la manera que lo he pensado, y será confirmado como lo he determinado ... Este es el consejo que está acordado sobre toda la tierra, y esta, la mano extendida sobre todas las naciones. Porque Jehová de los ejércitos lo ha determinado, ¿y quién lo impedirá? Y su mano extendida, ¿quién la hará retroceder?" (Isaías 14:24, 26–27.)

Él mismo agrega

"que anuncio lo por venir desde el principio, y desde la antigüedad lo que aún no era hecho; que digo:
Mi consejo permanecerá, y haré todo lo que quiero; que llamo desde el oriente al ave, y de tierra lejana al varón de mi consejo. Yo hablé, y lo haré venir; lo he pensado, y también lo haré". (Isaías 46:10–11.)

Podemos tener la completa seguridad de que Dios tiene el control de este mundo y que está llevando a cabo su decreto.

El decreto de Dios en nuestra vida

¡Es asombroso, el decreto de Dios abarca todo, absolutamente todo! Incluye los sucesos y las circunstancias de nuestra vida; en realidad, cada uno de nuestros días han sido establecidos y planificados por Dios, según lo expresa David:

"Te alabaré; porque formidables, maravillosas son tus obras;
Estoy maravillado,
Y mi alma lo sabe muy bien...
Mi embrión vieron tus ojos,
Y en tu libro estaban escritas todas aquellas cosas
Que fueron luego formadas,
Sin faltar una de ellas". (Salmos 139:14, 16)

La historia de nuestra vida fue determinada antes de que naciéramos. Sin duda esto incluye las cosas buenas que hacemos como creyentes, según lo afirma Pablo: "Porque somos hechura suya, creados en Cristo Jesús para buenas obras, las cuales Dios preparó de antemano para que anduviésemos en ellas." (Efesios 2:10.). Cuando ayudamos a los demás, compartimos las buenas noticias de Jesús, confiamos en Dios y le obedecemos, deberíamos sentir que estamos cumpliendo con el plan eterno que Dios tiene para nosotros. Aunque los incrédulos no se den cuenta, cuando le hacen el bien a los demás también están cumpliendo con el decreto de Dios. Un ejemplo de esto lo da Ciro, un rey pagano que decidió ayudar al pueblo de Dios a regresar a su tierra en Israel después de los 70 años de exilio: "Así dice Jehová, tu Redentor, que te formó desde el vientre:

Yo Jehová, que lo hago todo, que extiendo solo los cielos, que extiendo la tierra por mí mismo;... que dice de Ciro: Es mi pastor, y cumplirá todo lo que yo quiero, al decir a Jerusalén: Serás edificada; y al templo: Serás fundado". (Isaías 44:24, 28)

Al ayudar a los israelitas, Ciro ejecutó el decreto de Dios, lo supiera o no.

El plan de Dios para nuestra vida también incluye nuestros planes, al menos algunos de ellos: "Muchos pensamientos hay en el corazón del hombre; mas el consejo de Jehová permanecerá" (Proverbios 19:21). Sin lugar a dudas, a medida que nuestra intención es la de hacer el bien a los demás, Dios nos ayudará a llevar a cabo nuestro plan, que también es parte de su plan. ¿Pero qué hay de los deseos impíos y las malas intenciones? ¿Cómo encaja esto con el decreto de Dios? En este momento, nuestro debate toma un rumbo extraño, debido a que el plan de Dios abarca también las acciones y los planes malignos de la gente. Hemos visto ambos en el caso de José y en el de Jesús. Aunque los hermanos de José conspiraron contra su vida, él reconoció que aquellas acciones pecaminosas formaban parte del sumo plan de Dios para obtener algo bueno y a pesar de que muchos conspiraron juntos para crucificar a Jesús, sabemos que su muerte consumó el propósito eterno de Dios para que nosotros fuéramos salvos. No es de extrañarse que el proverbio diga: "Todas las cosas ha hecho Jehová para sí mismo, y aun al impío para el día malo" (Proverbios 16:4).

PARA REFLEXIONAR Y PONER EN PRÁCTICA

¡Cuidado! Nunca debemos abusarnos de esta verdad y usarla como excusa para hacer el mal. Nunca debemos pensar: "Bueno, si hago algo malo, mi pecado es parte del decreto de Dios. Seguiré pecando porque total está bien, si de todos modos eso lleva a cabo el plan de Dios". Esta forma de razonar es absurda y Pablo la expresa así: "En ninguna manera. Porque los que hemos muerto al pecado, ¿cómo viviremos aún en él?" (Romanos 6:2). Ni tampoco debemos razonar de este modo: "Dios permite la maldad y después la usa para bien. Por lo tanto, yo puedo permitir que la maldad suceda y después usarla para bien". Aunque se nos anima a imitar a Dios en muchos aspectos, este no es uno de ellos. En ninguna parte de la Escritura se nos dice que podemos pecar o se nos anima a pecar como un medio para lograr el bien. Recuerda: Dios es todopoderoso y omnisciente; nosotros no. No podemos hacer lo que Dios es capaz de hacer. Él puede obrar en todo de acuerdo a su decreto, pero nosotros no.

El decreto de Dios en el mundo

El decreto de Dios se extiende más allá de nuestra vida individual a cuestiones de importancia nacional e internacional. "Él [Dios] multiplica las naciones, y él las destruye; esparce a las naciones, y las vuelve a reunir" (Job 12:23). Daniel lo admite diciendo: "Él [Dios] muda los tiempos y las edades; quita reyes, y pone reyes; da la sabiduría a los sabios, y la ciencia a los entendidos" (Daniel 2:21). Y agrega: "El Altísimo tiene dominio en el reino de los hombres, y que lo da a quien él quiere" (Daniel 4:25). A pesar de su aire de invencibles y de sus demostraciones de poder, hasta los líderes más poderosos de este mundo empalidecen ante nuestro todopoderoso Dios. Él consuma su decreto por medio de ellos, lleva a cabo su plan a través de sus decisiones y acciones. Proverbios 21:1 nos recuerda que: "así está el corazón del rey en la mano de Jehová; a todo lo que quiere lo inclina".

El decreto de Dios con respecto a los sucesos casuales

El decreto de Dios abarca cada uno de los días de nuestra vida, las buenas acciones y las intenciones de la gente, sus malas obras y sus planes, los asuntos nacionales e internacionales, todo. Pero hay más. El decreto de Dios engloba también los sucesos "casuales" tal como lo enseña Proverbios 16:33: "La suerte se echa en el regazo; mas de Jehová es la decisión de ella".

Echar suertes es parecido a arrojar los dados o escoger los palillos. Por ejemplo, supongamos que una maestra necesita algunos "voluntarios" para realizar una tarea escolar. Entonces pone los nombres de cada uno de sus alumnos dentro de una bolsa y luego saca a los "afortunados" ganadores. Este es un suceso completamente librado al "azar", al menos, según nuestro modo de pensar. Sin embargo, no lo es según el decreto de Dios, porque hasta los sucesos casuales o del azar forman parte de su voluntad.

El decreto de Dios en cuanto a lo terrenal

El plan de Dios también abarca los sucesos de la vida más terrenales o cotidianos como la muerte de las aves o un mal día. Jesús nos señala esto: "¿No se venden dos pajarillos por un cuarto? Con todo, ni uno de ellos cae a tierra sin vuestro Padre. Pues aun vuestros cabellos están todos contados." (Mateo 10:29–30.) Jesús quiere decir que estas dos aves que se venden por un cuarto (1 centavo de dólar) no tenían valor alguno y hasta el más pobre podía comprarlas. A pesar de esta aparente falta de valor, Dios tiene presente la vida de cada uno de estos pajarillos. A nosotros ni nos importa si un pajarillo vive o muere, pero lo que le suceda es también parte de la voluntad de Dios. Él ha contado los cabellos de nuestra cabeza. Estas cuestiones, en su apariencia tan triviales, como el arrojar los dados, la supervivencia de un ave y la cuenta del número de cabellos, son parte del decreto de Dios. La verdad es que si el propósito de Dios abarca detalles sin importancia como estos, ¿cómo no incluirá en su providencia las grandes cosas de nuestra vida? Esto nos lleva de nuevo a las enseñanzas de Pablo: "Conforme al propósito del que hace todas las cosas según el designio de su voluntad" (Efesios 1:11). El decreto de Dios lo abarca todo.

La libertad y la responsabilidad humanas

Si Dios tiene el control de todo, se nos presenta una objeción mayor: ¿Qué hay de la libertad y la responsabilidad humanas? Si Dios es soberano y actúa totalmente de acuerdo a su decreto, ¿los seres humanos no quedamos reducidos a robots, máquinas programadas para hacer lo que Dios ordene, sin mente, ni sentimientos, ni voluntad propia? ¿No se nos despoja de nuestra humanidad para transformarnos en títeres manipulados de un modo u otro para que actuemos según el libreto escrito por Dios? Y, de ser así, ¿podemos ser considerados como seres humanos responsables por lo que hacemos o por nuestras intenciones? En realidad, ¿cómo puede Dios hallar alguna falta en nosotros, si hasta cuando pecamos o hacemos el mal estamos llevando a cabo su plan para este mundo?

La iglesia siempre ha luchado con este mismo asunto. A veces se ha ido de un extremo a otro. Algunos cristianos hacen demasiado énfasis en la soberanía de Dios y su decreto hasta el punto de llegar al *fatalismo*. El fatalismo es una postura universal según la cual todo lo que existe y sucede se da de ese modo necesariamente: las cosas son como son y no se pueden cambiar. Algunos incluso creen que Dios mismo fue obligado a planear las cosas como lo hizo. Obviamente, esta postura de Dios y su decreto excluye toda libertad humana. Por eso es un error. Otros cristianos, se van al otro extremo, hacen demasiado énfasis en la libertad humana y Dios depende de las acciones y las decisiones de los hombres. Otros llegan al extremo de aceptar un *teísmo liberal*. El teísmo liberal es una postura en la que Dios no puede tener un plan para los seres humanos que se pueda realizar eficazmente porque Él no puede saber lo que vamos a decidir y hacer hasta que tomemos nuestra propia decisión y actuemos. Es obvio que esta postura compromete seriamente la soberanía divina y desecha el concepto de un decreto divino eficaz. Por eso es un error. Los cristianos deben rechazar ambas teorías: la del fatalismo y la del teísmo liberal.

En lugar de aceptar uno u otro extremo de este asunto, ¿por qué no aceptamos las dos verdades e intentamos aunarlas, aún cuando parezca conflictivo? A esta postura se la llama *compatibilidad*. La compatibilidad cree que las siguientes dos verdades pueden y deben considerarse juntas; es decir, son compatibles:

1. Dios es absolutamente soberano. Él ejecuta con eficacia su plan eterno por medio del cual determinó que todo lo que sucediera sería para su gran gloria. Sin embargo, esta realidad no implica que la libertad y responsabilidad humanas quedan desestimadas o destruidas.

2. Los seres humanos son criaturas responsables y significativamente libres. Eligen, se rebelan, obedecen, desafían, confían, hacen el bien, cometen pecados y son responsables ante Dios por todo lo que hacen. Sin embargo, esta realidad no implica que Dios depende de las acciones y las decisiones humanas.[1]

Según la compatibilidad, Dios obra en forma soberana para ejecutar su plan eterno por medio de las decisiones y acciones de seres humanos libres y responsables. *Cómo* puede ser posible es un misterio. Visto superficialmente parece que el plan predeterminado de Dios regula nuestra libertad y responsabilidad, o que la libertad y la responsabilidad humanas le impiden a Dios ejecutar con eficacia su decreto. Precisamente porque esto es un misterio, no podemos decir que es un error o que no es cierto.

De hecho ya hemos visto varios ejemplos bíblicos de la compatibilidad. Uno fue la historia de José y el otro la crucifixión de Jesús. Concentrémonos en el segundo ejemplo. ¿El propósito de nuestro Dios soberano era que nosotros fuéramos salvos gracias a la muerte de su Hijo? Sí. ¿Herodes, Poncio Pilato, los soldados romanos y los líderes religiosos de Israel conspiraron contra Jesús, tramando el complot y la estrategia para crucificarlo? Sí. ¿La soberanía de Dios al ejecutar su plan eterno desestimó o anuló la libertad y la responsabilidad de aquellos que participaron en la muerte de Jesús? No. Herodes no quería oír hablar de otro rey y deseaba deshacerse de cualquiera que llevara por título "rey de los judíos". Poncio Pilato era un cobarde que le concedió a la multitud su deseo de liberar a Barrabás y crucificar a Jesús. Los soldados romanos eran verdugos despiadados y bien entrenados en la horrible labor de la crucifixión. Los líderes religiosos se sentían amenazados por este Jesús que no tenía un título pero que era popular y que hacía milagros, a quién habían tratado de asesinar varias veces anteriormente. Todos, ya sea en forma individual o en conjunto, como ejecutores máximos de esta conspiración, tomaron sus propias decisiones y llevaron a la práctica las malvadas acciones, que en definitiva llevaron a la crucifixión de Jesús. Esta libertad y responsabilidad que tuvieron ¿hicieron que Dios dependiera de sus decisiones y acciones? No. Por el contrario, lo que hicieron consumó a la perfección el plan soberano de Dios para otorgarnos la salvación.

Podemos ver la compatibilidad desde nuestra propia experiencia de salvación. La Biblia es clara en que un aspecto del decreto de Dios es su decisión de que seamos seguidores de Jesucristo. Esta es la primera parte de uno de los pasajes clave para nuestro debate: "En él asimismo tuvimos herencia, habiendo sido predestinados conforme al propósito del que hace todas las cosas según el designio de su voluntad" (Efesios 1:11). En el mismo pasaje, Pablo dice: "[Dios] nos escogió en él antes de la fundación del mundo, para que fuésemos santos y sin mancha delante de él, en amor habiéndonos predestinado para ser adoptados hijos suyos por medio de Jesucristo, según el puro afecto de su voluntad" (Efesios 1:4–5).

Antes de la creación del mundo, Dios misericordiosamente decidió que fuéramos parte de su familia, nos adoptó como sus hijos. Cuando escuchamos el evangelio, Dios estaba obrando para atraernos hacia Él: "Jesús ... les dijo: ... Ninguno puede venir a mí, si el Padre que me envió no le trajere" (Juan 6:44). Cuando oímos las buenas noticias, el Espíritu Santo nos hizo darnos cuenta del error de nuestro pecado, de la desesperanza de nuestra santurronería y de la futilidad de nuestro juicio terrenal (Juan 16:8–11). La gente ora por nosotros, nos quiere y nos comunica el mensaje de Jesucristo. Nuestro soberano Dios ejecuta con misericordia y eficacia su plan eterno para salvarnos por medio de esta "conspiración de circunstancias". Cuando nos damos cuenta de nuestra espantosa situación, al comprender que necesitamos esa salvación que Dios nos ofrece, nos arrepentimos de nuestros pecados y depositamos nuestra fe en Jesucristo. Y esto lo hacemos por voluntad propia y según nuestros deseos, arrepintiéndonos y creyendo de un modo responsable y libre. Este es el resultado del cumplimiento del decreto soberano de Dios.

Pablo describe esta compatibilidad en nuestra salvación: "Pero nosotros debemos dar siempre gracias a Dios respecto a vosotros, hermanos amados por el Señor, de que Dios os haya escogido desde el principio para salvación, mediante la santificación por el Espíritu y la fe en la verdad, a lo cual os llamó mediante nuestro evangelio, para alcanzar la gloria de nuestro Señor Jesucristo" (2 Tesalonicenses 2:13–14). En su soberanía y de acuerdo a su decreto eterno, Dios nos escogió y nos llamó para que fuésemos salvos por medio de Jesucristo y el Espíritu Santo obró para que fuese posible. Al mismo tiempo, por voluntad propia, y según nuestros deseos, nos arrepentimos y creímos de un modo responsable y libre en la verdad, el mensaje de Jesucristo que presenta el evangelio. Ambas verdades, la soberanía y el decreto de Dios, y la responsabilidad y la libertad humanas son compatibles. Sabemos que esto es cierto porque nuestra salvación así lo demuestra.

Esta postura de la compatibilidad nos anima a ser más fieles y perseverantes en la oración y el evangelismo. Algunos creen que porque Dios "hace todas las cosas según el designio de su voluntad" (Efesios 1:11) no tiene sentido orar ni evangelizar. Piensan que el plan de Dios se cumplirá igual, no importa si oramos y compartimos las buenas noticias o no. Sin embargo, hemos visto que Dios no sólo se ocupa de las grandes cosas; su decreto también abarca los detalles más minúsculos. Esto significa que Dios planea los fines y los medios. Escoge misericordiosamente a los que serán salvos y también prepara los pasos que se tomarán y que darán por resultado dicha salvación. Uno de esos medios es la oración de los cristianos por aquellos que aún no conocen a Cristo. Otro medio es que los cristianos compartan el evangelio con aquellos que aún no conocen a Cristo para que puedan creer en Él. Nos convertimos en jugadores importantes en la obra de Dios en el mundo en el que vivimos al orar fielmente por nuestros amigos y comunicarles con arrojo las buenas noticias.

La compatibilidad afirma que Dios lleva a cabo soberanamente su plan eterno por medio del libre albedrío de los seres humanos que actúan y toman decisiones con responsabilidad. Al considerar esta postura con cuidado y reflexión, parece estar de acuerdo con lo que la Biblia revela sobre Dios y su obra en el mundo por medio de nosotros los seres humanos. También me ayuda a que lo que experimento de Dios y sus medios tenga sentido. A pesar de esto, mucho de lo que Dios hace que suceda en mi vida y en la de los demás, permanece en un profundo misterio. Por ejemplo: ¿cómo es que los que estábamos alejados de Dios deseamos conocerlo en persona? Antes de convertirme en un cristiano, Dios no me importaba mucho. Creía en su existencia, iba a la iglesia los domingos y trataba de ser decente y obrar bien, pero ese era todo mi compromiso con Él. ¿Cómo fue que cambié de ser un indiferente a aceptarlo, de aceptarlo a comprometerme y de comprometerme a dedicarle toda mi vida? Por supuesto que esto se da gracias a la misericordiosa elección y obra de Dios en mí, sin embargo, yo también decido y actúo como un ser humano libre y responsable. Y, ¿qué hay de mis amigos que se revelan contra Dios antes de confrontarse con el evangelio y aceptar a Jesucristo? ¿Cómo pasan de ser adversarios de Dios a ser sus amigos y a actuar como seres humanos libres y responsables? Sé que el cambio se da. Veo los buenos resultados en mi vida y en la de mis amigos. Creo que se debe a la gracia de Dios y a su poderosa obra. Sé que decidimos y actuamos con responsabilidad y como seres humanos libres. Sin embargo, no entiendo cómo funciona todo esto. ¡Es todo un misterio!

Jesús le dice a Nicodemo que necesita nacer de nuevo: "No te maravilles de que te dije: Os es necesario nacer de nuevo. El viento sopla de donde quiere, y oyes su sonido; mas ni sabes de dónde viene, ni a dónde va; así es todo aquel que es nacido del Espíritu" (Juan 3:7–8). Nunca he visto el viento. Lo oigo soplar y hasta algunas veces bramar. Veo que sopla las hojas e inclina los árboles, pero nunca he visto al viento mismo. De manera similar nunca he visto a Dios, al Espíritu Santo. Oigo las historias del impacto y la transformación radical que produce en la vida de mis amigos. Veo el cambio que produce en los individuos y las familias, no mayor que el que produce en los indiferentes y los rebeldes que se arrodillan ante Él y lo adoran. Pero nunca he visto a Dios mismo en su misterioso obrar. A pesar de eso, creo que Él obra de manera soberana para llevar a cabo su plan eterno a través de las decisiones y acciones de seres humanos libres y responsables. Sin obligarnos ni forzarnos para que vayamos en contra de nuestros propios deseos y naturaleza, Dios obra de un modo misterioso en nosotros "por su buena voluntad" (Filipenses 2:13). Le estoy agradecido por esto, aun cuando no entienda el misterio de cómo Él obra.

PARA REFLEXIONAR Y PONER EN PRÁCTICA La providencia personalizada: Dios participa en nuestra vida en forma continua, personal e íntima para llevar a cabo su plan eterno y brindarnos sus buenas delicias. Tú eres un individuo absolutamente singular, una persona única en su tipo, diferente a cualquiera que haya existido o pueda llegar a existir en el futuro. Dios mismo te concibió, creándote con las características que te hacen lo que eres. Esto abarca tu grupo étnico o raza, tu sexo, tu físico, tu altura, peso y apariencia, tus habilidades para los deportes, tus fallas en la música o las matemáticas (o viceversa), o tus impedimentos y discapacidades. También incluye la familia en que naciste, dónde vives, la escuela a la que vas, las clases y las actividades extracurriculares de las cuales participas y los amigos de los que disfrutas. Como creyente en Cristo, Dios, en su misericordia, te escogió para que seas su hijo y te ha puesto en una comunidad nueva, tu iglesia. Este diseño único de Dios se proyecta al futuro y abarca tu futura carrera, cónyuge o soltería, si serás rico o pobre, famoso o desconocido, cómo vivirás y hasta cómo y cuándo morirás.

Este diseño único de Dios es y será parte de su plan soberano y sabio para todos, un plan que funcionará con eficacia. Como eres una persona única, esto no significa de ninguna manera que desestimes ni anules tu responsabilidad para cooperar con Dios en el cumplimiento de su voluntad. Por consiguiente, tú y sólo tú puedes contribuir de un modo único. Confía y obedece a Dios. Ora por los demás y háblales de Jesús. Huye del pecado. Adora a Dios.

No existen las meras coincidencias sino la providencia divina.

El mal, un argumento contra Dios

CAPÍTULO 11

Te he contado antes acerca de una salida loca que mi pastor y yo hicimos un día a un barrio bohemio que está entre la escuela y nuestra iglesia. (Recuerdas cuando grabamos con la videocámara las entrevistas a las personas que respondían a la pregunta: "Si pudiera hacerle una pregunta a Dios, ¿qué le diría?" La segunda pregunta más popular fue: "¿Qué propósito tiene mi vida?" Ahora quiero contarte sobre la respuesta más popular.) Mientras caminábamos frente a la pastelería, mi pastor se paró en seco y me dijo que mirara hacia dentro. Había tres "dark góticos" comiendo y parecía que serían nuestros primeros candidatos para la película. El muchacho más alto tenía el cabello largo de color rojo, el más bajo estaba casi pelado y la mujer tenía el cabello teñido a rayas como de cebra, al estilo de los indios Mohawk. Por supuesto que los tres estaban vestidos con ropas negras y llevaban collares como los de perro, tenían tatuajes, pinchos y perforaciones a montones.

Nos acercamos a ellos, les explicamos sobre el video y les preguntamos si nos podíamos sentar para entrevistarlos. El muchacho más alto protestó burlonamente: "¡Ustedes quieren entrevistarnos simplemente porque somos unos excéntricos!" Mi pastor sin perder tiempo dijo: "Es que hemos entrevistado a todo tipo de gente: ricos, pobres, obreros e indigentes, pelados y 'hippies' melenudos, atletas y creyentes. Pero no hemos entrevistado a ningún excéntrico todavía". Eso fue todo lo que necesitaron oír para dejarnos que nos sentáramos a la mesa con ellos.

Al poco tiempo de haber comenzado la conversación, surgió la pregunta: "¿Si Dios existe, por qué vemos tanto dolor y sufrimiento en este mundo?" Para la mujer, su sufrimiento provenía del rechazo de casi todos. Se la rechazaba porque era mujer, porque tenía opiniones fuertes y porque había decidido llevar un estilo de vida "gótico", por lo cual la gente la juzgaba simplemente por su apariencia. El muchacho más bajo se había sentido estafado en varias tragedias que había sufrido en la vida. El más alto estaba furioso contra los cristianos porque su hermano, que se había convertido al cristianismo, hacía unos años le había dicho que se iría al infierno. Entonces se convirtió en budista y creía que la vida consistía de numerosos ciclos de dolor y sufrimiento en donde uno sólo espera que lo lleven eventualmente a un estado de paz en el nirvana. "¿Por qué la vida tiene que ser tan dura y llena de maldad y aflicción?", preguntó. "¿Dios no puede hacer algo al respecto, si realmente Él es en verdad bueno y poderoso?", argumentó. Luego, concluyó diciendo: "No creo que Dios exista porque hay demasiado dolor y sufrimiento en este mundo".

"Si Dios existe ¿por qué hay dolor y sufrimiento? Si es totalmente bueno y todopoderoso, entonces ¿por qué no hace algo con respecto a la maldad de este mundo?" Esta pasó a ser la pregunta más popular de todas las personas a quienes entrevistamos.

El problema del mal

El problema del mal es la cuestión más confusa que la gente enfrenta al confiar en Dios o rechazarlo. Para algunos, es la causa que los hace dudar o negar a Dios. Para otros, el problema del mal es el punto central de su intenso odio y enojo contra Dios. Hasta los cristianos se agobian con esta realidad y se preguntan si aún pueden confiar en Él cuando hay tanta maldad en el mundo. Sin duda, aquellos que afirman que Dios tiene el control de todas las cosas y obra en todo de acuerdo a su buen plan, sabio y eterno, deben enfrentarse a los serios problemas de la existencia de la espantosa maldad y el sufrimiento trágico del mundo.

Algunos ofrecen soluciones al problema del mal que simplemente no dan resultado. Una de las soluciones inadecuadas es negar que existe. Por ejemplo, los hindúes creen que el mal es "*maya*" o una ilusión; que no hay tal cosa como el dolor y el sufrimiento. De forma similar, los feligreses de la Iglesia del Cristo Científico (una secta que no es ni cristiana ni científica) afirman que el mal no existe y que es sólo un mal pensamiento. La fundadora, Mary Baker Eddy, dice: "El mal es una ilusión y no tiene fundamento real. Es una creencia errónea".[1] Por favor, que me expliquen entonces cómo es que el padre de uno de mis amigos de la infancia, que pertenecía a esta secta, se enfermó de una afección totalmente curable, pero se negó a recibir tratamiento médico. Creía que su enfermedad era sólo una idea errónea. Ahora las ideas erróneas, por lo general, no le cuestan la vida a las personas; sin embargo, el padre de mi amigo falleció sin necesidad. La dura realidad del mal cambia el ilusionismo.

Otra solución insatisfactoria es la resignación o la aceptación pasiva del problema del mal. Los ateos son adeptos a esta solución. Ya que no hay Dios y como el mal es parte de este mundo, no puede haber problema alguno con la maldad. La gente debe aceptar con sencillez su realidad y debe resignarse a la tragedia y a las angustias que el mal trae aparejado. No hay esperanza de que se resuelva. Los budistas creen que el dolor y el sufrimiento son una parte inmutable del continuo ciclo de vida, muerte y reencarnación. Mientras la gente esté dentro de este ciclo deberá simplemente aceptar la realidad del mal. La única esperanza de escape es librarse de todas las ataduras a las cosas mundanas. Sólo por medio de este sendero extremadamente difícil de autonegación, la gente puede obtener paz y felicidad o el nirvana. Por otra parte, están confinados a una vida de sufrimiento y dolor. Sin embargo, la actitud de resignación frente al mal, es parte intrínseca de la vida, "porque así es la vida"; pero no señala a Dios como la fuente de esperanza que obtendrá la victoria sobre el mal.

Explicación del mal

La iglesia siempre ha luchado con este problema del mal y ha intentado dar una explicación de su existencia con relación a Dios. A este tipo de intentos se los llama *teodicea*. Una teodicea (*teo* significa "Dios" y *dice* significa "justicia") es defender a Dios frente a la luz de la presencia del mal. Intenta justificar por qué Dios permite la maldad o por qué no la quita de este mundo.

El problema filosófico del mal

David Hume, un famoso escéptico del siglo dieciocho, presenta *el problema filosófico del mal* tratado en una teodicea:

¿Dios está dispuesto a prevenir el mal, pero no puede? Entonces es un incapaz.

¿Es capaz de hacerlo, pero no está dispuesto? Entonces es un malvado.

¿Está dispuesto y es capaz? Entonces ¿de dónde sale el mal?[2]

Analicemos la presentación de Hume. Ya sea que se trate del problema de las preguntas sobre el mal, la omnipotencia de Dios, la bondad de Dios o la existencia del mal: (1) Si admitimos que el mal existe y si creemos que Dios es bueno como para detenerlo, entonces debemos llegar a la conclusión de que no es suficientemente poderoso para hacer lo que Él quiere. Es impotente y no puede eliminar el mal del mundo. (2) Si admitimos que el mal existe y si creemos que Dios es suficientemente poderoso para detenerlo, entonces debemos llegar a la conclusión de que Dios no es realmente bueno del todo. Debe ser un maligno o malvado porque no quiere detener el mal. (3) Si creemos que Dios es suficientemente poderoso para detener el mal y bueno para querer detenerlo, entonces debemos llegar a la conclusión de que el mal no existe o que no tenemos una explicación para esta realidad.

Para decirlo de una manera un poquito diferente, quiere decir que en cuanto al problema del mal podemos creer en dos de las tres afirmaciones que vemos a continuación, pero no en las tres:

1. Dios es todopoderoso.
2. Dios es totalmente bueno.
3. El mal existe.

Debido a que el tercer punto es cierto (no aceptamos ilusionismos ni negamos la existencia del mal) debemos descartar la idea de que Dios es un ser todopoderoso (primer punto) o que Dios es un ser completamente bueno (segundo punto). En cualquiera de los casos, no tenemos la visión de Dios que la iglesia siempre ha sostenido.

La iglesia ofrece una teodicea de cuatro pasos para responder a este problema filosófico.[3] El *primer paso* es definir con cuidado la omnipotencia de Dios, o lo que queremos decir cuando declaramos que es todopoderoso. Como hemos dicho, la omnipotencia de Dios significa que Él puede hacer todo lo que como Dios es capaz de hacer. No queremos decir que puede hacer absolutamente todo, porque Él no es capaz de hacer ciertas cosas: por ejemplo, no puede dormir ni dejar de existir. Un punto importante para nuestro debate es que Dios no pudo crear un mundo que tiene dos realidades contradictorias. Por ejemplo, Dios no puede crear un mundo en el cual yo esté casado con Nora y donde Nora no exista. Estas son dos realidades contradictorias o mutuamente excluyentes; no pueden existir juntas. Sería absurdo y aún nuestro omnipotente Dios no puede hacer tales disparates.

El *segundo paso* es darse cuenta de que al crear un mundo, Dios tuvo que escoger entre realizar una de dos cosas buenas. Debido a que ambas son realidades contradictorias, Dios no pudo realizarlas a ambas a la vez. Las dos cosas buenas entre las que Dios tuvo que escoger fueron:

- 1ª opción: Un mundo en el que no haya maldad. (Es evidente que este mundo sería un mundo bueno. Por lo tanto, la primera opción hubiera sido una buena posibilidad para que Dios escogiera cuando creó al mundo.)
- 2ª opción: Un mundo en el que haya alguna cosa buena que también coexista con la maldad.

Hay numerosas ideas con respecto a esta segunda opción. Algunos creen que la alternativa que Dios pudo haber elegido es un mundo en donde los seres humanos tienen libre albedrío. Por supuesto, si Dios concede el libre albedrío, se arriesga a que nosotros nos valgamos de esa libertad para hacer el mal. Así es que podemos escoger con libertad amar a Dios y adorarlo, u odiarlo y rebelarnos contra Él. Pero al menos los seres humanos tienen libre albedrío, lo cual es una buena cosa. Algunos proponen que otra buena opción que Dios pudo haber elegido es un mundo en donde los seres humanos egoístas se convierten en personas maduras, espiritual y moralmente caracterizadas por el denuedo, la misericordia y el perdón. Por supuesto que si esas características han de desarrollarse, es necesario que el mal exista. La adversidad y las pruebas fomentan el carácter maduro, lo cual es bueno. En cada caso, todo lo que la gente se imagine como la otra buena cosa que Dios quiso originar al crear el mundo, depende de la presencia del mal en él.

Mi preferencia personal por esta segunda opción es ver a la otra cosa buena como la preservación de la gente según el tipo de seres humanos que Dios creó. Él nos creó como seres con la capacidad de pensar, la habilidad de experimentar emociones, la voluntad para decidir y actuar, la creatividad para actuar y la estructura física para movernos. Para que

Dios interviniera en forma súbita y eliminara el mal del mundo, debería alterar la existencia humana tal como la creó. Imagínate que Mario quiere perjudicar a otra persona. Dios debería paralizar dicha parte de la mente de Mario para que dejara de pensar en causarle el mal a alguien, o sea para eliminar el mal. O supone que Javier ha tramado un detallado plan para robar una tienda. Dios debería "apretar la tecla de borrar" de las intenciones de Javier para eliminar el mal. O figúrate que, en efecto, Juan comienza a apretar el gatillo para asesinar a alguien. Dios debería quebrarle los dedos para que no pudiera disparar la pistola, o sea para eliminar el mal. En cada uno de estos casos, la existencia humana que conocemos y experimentamos podría ser alterada en extremo. Ya no seríamos la clase de seres humanos que Dios creó.

Dios tenía la opción de crear un mundo en el que no existiera el mal o un mundo en el que existiera alguna otra cosa buena junto con el mal. No hubiera podido hacer ambas cosas porque son realidades contradictorias. Por otra parte, si Dios decide crear un mundo en el que no existe el mal, hace algo bueno, pero los seres humanos no tendríamos libre albedrío. O no podríamos pasar de ser personas egoístas para convertirnos en gente madura espiritual y moralmente. En realidad, si Dios elimina el mal, no seríamos más la clase de seres humanos que Él creó. Por otra parte, si Dios decide crear un mundo en el que dichas cosas ocurran, hace algo bueno, pero el mundo no podría existir sin la maldad, debido a que el mal, en estos casos, es necesario.

El *tercer paso* es una apelación a un principio ético principal: Nadie puede considerarse moralmente responsable por fallar en hacer lo que no puede hacer. Por ejemplo, estás nadando en un lago y de repente ves a dos personas ahogándose. Eres un excelente nadador y sabes cómo salvar a la víctima, pero no puedes salvar a ambos. Te sumerges, nadas para salvar a uno, pero el otro se hunde. Recibes las felicitaciones por haber salvado a uno. Nadie puede decir que eres culpable por dejar de salvar al otro, porque no hubieras podido salvar a ambos.

Si aplicamos este principio ético común a nuestro segundo paso, entonces Dios no es capaz de crear, al mismo tiempo, un mundo en el que no exista el mal y crear un mundo en el que otra cosa buena exista junto con el mal. Puede elegir uno u otro, pero no ambos. No importa cuál opción elija, no podemos acusarlo por no poder crear ambos mundos. Esto significa que si Dios decide crear un mundo en el cual los seres humanos tienen libre albedrío o son personas que han dejado de ser egoístas para convertirse en personas maduras moral y espiritualmente, o continúan siendo la clase de seres humanos que Dios se propuso crear y en verdad creó; no podemos considerarlo responsable por no crear un mundo sin maldad.

El *cuarto paso* es para afirmar la posibilidad de que Dios en verdad eligió la segunda opción, (un mundo en el que lo bueno existe junto con lo malo) que es tan buena o mejor que la primera en la cual no existía el mal. Supongamos que tenemos ambas opciones en la balanza de la justicia. El valor del mundo en el cual vivimos —un mundo con sus dolores y sufrimientos, adversidades y pruebas— quedará desequilibrado sin el mal. Por ende, Dios no se ha equivocado al crear nuestro mundo; con lo cual podemos afirmar estas tres verdades y sustentarlas juntas:

1. Dios es todopoderoso.
2. Dios es completamente bueno.
3. El mal existe.

Esta es la teodicea para los problemas filosóficos del mal.

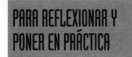

PARA REFLEXIONAR Y PONER EN PRÁCTICA

¿Tienes amigos que estén luchando con el problema filosófico del mal? Quizá esa sea la causa por la cual dudan o niegan la existencia de Dios ¿Podría ayudarlos esta teodicea?

El problema teológico del mal

Mientras muchas personas, tanto creyentes como incrédulos, luchan con el problema filosófico del mal como vimos anteriormente, la mayoría de los cristianos quiere entender la enseñanza bíblica que explica la relación de Dios con el mal en este mundo. Podemos llamarlo un *problema teológico* porque se trata del dolor y del sufrimiento desde la perspectiva de la Escritura.

Si comenzamos en Génesis 1, notaremos que el mal no formó parte del plan original de Dios para la creación. Cuando terminó su obra creativa "vio Dios todo lo que había hecho, y he aquí que era bueno en gran manera" (Génesis 1:31). Estaríamos en dificultades si tomáramos esta aseveración divina y llegáramos a la conclusión de que el mal estaba presente desde el principio de la creación. Más bien, el mal se insertó después de que la creación original tuvo lugar. Pero, ¿por qué? y ¿cómo? En Génesis 3 encontramos la respuesta al *cómo* cuando se narra el origen del pecado en la raza humana. El pecado original de nuestros padres incluye orgullo, desobediencia e infidelidad, a pesar de que lo que se destaca sea el que hayan comido del fruto del árbol del conocimiento del bien y del mal. Pero, ¿por qué Adán y Eva que disfrutaban de una relación personal con Dios, de una intimidad completa el uno con el otro y de una existencia armoniosa con toda la creación, decidieron tirar todo por la borda? La historia nos relata que Eva fue engañada para que pecara; pero, ¿cómo pudo suceder esto en un mundo perfecto? Incluso, antes de que el mal apareciera entre los seres humanos, ya estaba presente el engaño astuto de la serpiente. Por supuesto, detrás de esta criatura ladina estaba "la serpiente antigua, que se llama diablo y Satanás, el cual engaña al mundo entero" (Apocalipsis 12:9). Satanás incitó a Adán y Eva a pecar al cuestionar la palabra de Dios y crear dudas sobre su bondad y negar rotundamente las consecuencias mortíferas de la rebelión. Podemos decir que el pecado entró a la humanidad por medio de una artimaña de nuestro enemigo, Satanás. Pero esto sólo nos lleva a preguntarnos por qué existe el mal en la humanidad o por qué antes existía el mal en el reino angelical.

A pesar de que la Escritura no nos ayuda mucho a responder el *porqué*, sí nos describe gráficamente la relación de Dios con el mal que está presente en el mundo. Como ya hemos visto, el plan soberano de Dios abarca los planes impíos y las acciones de la gente: "Todas las cosas ha hecho Jehová para sí mismo, y aun al impío para el día malo" (Proverbios 16:4).

La historia de José y la crucifixión de Jesús nos ilustran cómo Dios se vale de las acciones impías y de la gente perversa para llevar a cabo su buen y sabio propósito en el mundo. En ambos casos (y en muchos otros también) las personas que eran los ejecutores de la maldad, como en el caso de los hermanos de José que lo vendieron como esclavo y aquellos otros que condenaron a Jesús a muerte y lo crucificaron, son moralmente responsables por el mal que hicieron. Dios no hace el mal, ni tampoco fuerza a las personas a que lo hagan, pero se vale de los impíos para ejecutar su plan.

Pero aún hay más. Algunas veces, Dios a propósito suscita el mal, en especial para castigar el pecado. Un ejemplo lo vemos en el pueblo de Israel. Cuando cayó en la idolatría, Dios hizo que le sobrevinieran una serie de desastres: "Así dijo Jehová: He aquí yo traigo sobre este lugar, y sobre los que en él moran, todo el mal ... por cuanto me dejaron a mí, y quemaron incienso a dioses ajenos, provocándome a ira con toda la obra de sus manos; mi ira se ha encendido contra este lugar, y no se apagará" (2 Reyes 22:16–17). Dios planeó la sublevación del ejército traicionero de Babilonia (Habacuc 1:5–6). La sorprendente naturaleza de este hecho divino quedó registrada en Habacuc. Él se preguntó por qué Dios, que es completamente santo, se valdría de un instrumento impío para castigar a su propio pueblo que era relativamente bueno:

"Oh Jehová, para juicio lo pusiste; y tú, oh Roca, lo fundaste para castigar. Muy limpio eres de ojos para ver el mal, ni puedes ver el agravio; ¿por qué ves a los menospreciadores, y callas cuando destruye el impío al más justo que él" (Habacuc 1:12–13).

Habacuc plantea *nuestra* objeción acerca de la participación de Dios en los actos malvados y la maldad de la gente. Nos parece erróneo que Dios, quien es perfectamente santo, pueda tener una cercana relación con el mal; la santidad y la maldad parecen excluirse mutuamente. Nos sentimos sumamente incómodos cuando se establece dicha relación entre Dios y el mal.

Esta sensación que experimentamos de que algo está mal nos lleva a una importante verdad sobre la relación entre Dios y el mal. Aún cuando la Biblia describe la participación de Dios en el mal, nunca le atribuye la culpa por este. Ni jamás se lo presenta deleitándose en él. Más bien, la culpa recae siempre sobre los seres humanos (o, algunas veces, sobre seres angelicales como Satanás) por el mal que ellos llevan a cabo o provocan. Por ejemplo, en la historia de José, se culpa a los hermanos por el perjuicio que le causaron. En la cautividad babilónica, se culpa a la idolatría del pueblo de Israel por la terrible destrucción de dicha nación en manos de los traidores babilónicos. En la crucifixión de Jesús, Herodes, Poncio Pilato, los soldados romanos y los líderes religiosos de los judíos son moralmente responsables por la conspiración y el acto de traición contra Jesús.

Nunca debemos imaginarnos que Dios se deleita cuando nos sobreviene el mal, ni jamás debemos culparlo por valerse de él. Preferiblemente, deberíamos culparnos a nosotros mismos o a los que acarrean la maldad. A pesar de que Dios se vale del mal para cumplir sus propósitos, nunca se lo puede culpar por él. ¡El porqué es un gran misterio! Una forma de entenderlo es hacer la distinción entre *causas primarias* y *causas secundarias*. Dios es la *causa primaria* de todas las cosas que suceden. Él lleva a cabo con soberanía su plan sabio y bueno en todo, y por medio de todo. Los seres humanos (o en ciertas ocasiones los seres angelicales) son la *causa secundaria*, los que deciden actuar con responsabilidad y son por lo tanto moralmente responsables por el mal que comenten. La causa primaria está más alejada del mal (tal como lo muestra el diagrama), mientras que las causas secundarias están más cerca del mal (de nuevo, tal como lo muestra el diagrama):

causa primaria (Dios)   causas secundarias (seres humanos)   mal

Al considerar a Dios como la causa primaria de todas las cosas, incluyendo el mal, está totalmente alejado de este y no lo podemos culpar por el que acontece. Al considerar a los seres humanos (y, a veces, a los ángeles y a los demonios) como las causas secundarias, ellos están más cerca del mal y reciben toda la culpa por el mal que sucede.

En el fondo, esta puede ser la razón por la cual decimos que Dios *causa* todas las cosas buenas que ocurren en este mundo pero *permite* que tengan lugar todas las cosas malas. Otra vez más, esta sensación que experimentamos de que necesitamos distinguir entre la *causa* divina y el *permiso* divino expresa una importante verdad. Dios merece todo el crédito por todo lo bueno que ocurre en el mundo. Reconocemos que Él obra para bien y lo alabamos debidamente por eso. Esa es su relación con el mal. Pero en lo que respecta al mal en sí, no se lo puede culpar por todo lo malo que ocurre en el mundo. Nos damos cuenta de que Él obra en todo aún cuando el mal está presente, pero no podemos culparlo por él.

Sin embargo, es sumamente importante que no recalquemos esta diferencia demasiado. Cuando decimos que Dios *causa* lo bueno y *permite* lo malo, nunca debemos considerar el mal como si tuviera vida en sí mismo. Nunca debemos pensar que Dios no tiene el absoluto control de todo el mal que sucede. Nunca debemos imaginarnos que Dios está ejecutando su "Plan A" pero que cuando aparece el mal tiene que detenerse, abandonarlo y optar por un "Plan B" que incluya y permita el mal. Si decimos que Dios en forma soberana y de acuerdo a su sabio plan permite que el mal suceda, estamos en terreno seguro. Pero si decimos que en el mejor de los casos Dios permite que el mal acontezca porque de algún modo está más allá de su soberanía, o que Dios no elige que tenga lugar debido a que no es parte de su sabio plan, entonces estamos en arenas movedizas.

Pero hasta esta explicación no da un argumento adecuado para el misterio de por qué esta cercana asociación de Dios con el mal nos endilga siempre la culpa a nosotros pero nunca a Él. Pero de algunas cosas estamos totalmente seguros: el mal no es parte de su creación original y Dios es soberano tanto sobre lo bueno como sobre lo malo: "¿De la boca del Altísimo no sale lo malo y lo bueno?" (Lamentaciones 3:38).

En ciertas ocasiones, Dios mismo suscita el mal, en especial para castigar el pecado. Aún así, nunca podemos culparlo por ese mal que suscita; preferiblemente, nosotros, que somos los causantes del mal, recibimos la culpa. Si queremos forzar este punto de vista un poco más y quejarnos porque no es justo, (después de todo, el mal por el que se nos culpa es, en definitiva, parte del plan eterno de nuestro soberano Dios) se nos dice que no entremos en ese terreno: "Pero me dirás: ¿Por qué, pues, inculpa? porque ¿quién ha resistido a su voluntad? Mas antes, oh hombre, ¿quién eres tú, para que alterques con Dios? ¿Dirá el vaso de barro al que lo formó: ¿Por qué me has hecho así?" (Romanos 9:19–20). Debemos entonces callarnos la boca y mantenernos en silencio porque somos seres creados por Dios de acuerdo a su horma. Aceptamos nuestra condición humana delante del Dios Creador. Punto. Esta realidad de Dios y del mal está rodeada por el misterio y no debemos irnos más allá de lo que sabemos con seguridad.

Pero este no es el final de la historia.

El plan soberano de Dios para este mundo manchado por el pecado termina con el triunfo final de su grandeza y bondad sobre el mal de cualquier clase. En una extraordinaria visión, Juan describe el regreso de Jesucristo para vencer totalmente a todos los que son enemigos malvados de Dios:

> Entonces vi el cielo abierto; y he aquí un caballo blanco, y el que lo montaba se llamaba Fiel y Verdadero, y con justicia juzga y pelea. Sus ojos eran como llama de fuego, y había en su cabeza muchas diademas; y tenía un nombre escrito que

ninguno conocía sino él mismo. Estaba vestido de una ropa teñida en sangre; y su nombre es: EL VERBO DE DIOS. Y los ejércitos celestiales, vestidos de lino finísimo, blanco y limpio, le seguían en caballos blancos. De su boca sale una espada aguda, para herir con ella a las naciones, y él las regirá con vara de hierro; y él pisa el lagar del vino del furor y de la ira del Dios Todopoderoso. Y en su vestidura y en su muslo tiene escrito este nombre:

> REY DE REYES Y SEÑOR DE SEÑORES

(Apocalipsis 19:11–16).

Hasta la muerte, nuestra última y horrible enemiga, será destruida y Jesucristo victorioso regresará y entregará todo al Padre: "Luego el fin, cuando [Cristo] entregue el reino al Dios y Padre, cuando haya suprimido todo dominio, toda autoridad y potencia ... Y el postrer enemigo que será destruido es la muerte ... Pero luego que todas las cosas le estén sujetas, entonces también el Hijo mismo se sujetará al que le sujetó a él todas las cosas, para que Dios sea todo en todos" (1 Corintios 15:24, 26, 28).

Nuestro Rey y Señor vencerá por completo el mal y gracias a esa esperanza podemos enfrentar y superar el sufrimiento y el dolor en el mundo en que vivimos.

PARA REFLEXIONAR Y PONER EN PRÁCTICA ¿Cómo te sientes con respecto a la cercana relación que existe entre Dios y el mal? ¿Te da esperanza el saber que no hay problema que se interponga en tu camino, ningún mal puede sucederte, con excepción del que nuestro sabio y buen Dios permita que suceda? ¿Crees que esta verdad te ayudará a confiar en Dios cuando te enfrentes al dolor y el sufrimiento?

Para aquellos que sufren

Caín mató a su hermano Abel.

Noé fue víctima de las burlas de un pueblo impío cuando predicaba sobre la justicia mientras construía el arca.

Isaac era tan buen granjero y pastor que los palestinos sabotearon los recursos de agua y lo forzaron a mudarse a otro lugar.

Jacob se hizo pasar por su hermano ante su padre Isaac y recibió la bendición familiar que por derecho le correspondía a Esaú.

Labán le prometió a Jacob que le entregaría a su hija Raquel en matrimonio si trabajaba para él durante siete años; pero después de ese tiempo, Labán se la cambió por su otra hija Lea. Esto le costó a Jacob otros siete años de trabajo para que Raquel fuera su esposa.

Los hermanos de José lo vendieron como esclavo.

A Sadrac, Mesac y Abednego los arrojaron al horno incandescente por haberse rehusado a adorar la imagen de Nabucodonosor.

Todos los niños de Belén y sus alrededores que tenían menos de dos años, fueron masacrados con la expectativa de que Jesús también muriera.

El inocente Hijo de Dios fue crucificado en manos de los malvados.

Esteban fue apedreado a muerte por una turba de judíos enfurecidos y se convirtió en el primer mártir cristiano.

Los apóstoles Pablo y Pedro fueron ejecutados durante el reinado del emperador Nerón.

Policarpo, a los 88 años, fue quemado en la estaca por rehusarse a negar a Cristo y no querer adorar a los dioses romanos.

Perpetua, una joven mujer embarazada, muere cuando le atraviesan una espada y la martirizan por su fe cristiana.

Las persecuciones a los cristianos durante los tres primeros siglos de existencia de la iglesia se dieron en forma regular y sistemática.

Seis millones de judíos fueron masacrados por los nazis durante la segunda guerra mundial.

Cassie Bernall, una estudiante aplicada y otros cinco adolescentes fueron muertos a tiros por otros dos compañeros de la escuela secundaria *Columbine High School* en Estados Unidos.

El 11 de septiembre de 2001, miles de personas —cristianos, judíos, musulmanes, hindúes, agnósticos, ateos— perdieron su vida debido a un ataque terrorista en donde los aviones se estrellaron contra los edificios de las dos torres del *Wold Trade Center* y el Pentágono en Estados Unidos.

La angustia del sufrimiento

Es evidente que esta lista se podría multiplicar por millones si le seguimos agregando más ejemplos. Pero aún así sólo podríamos conseguir tener por escrito lo que todos sabemos que es un hecho bien establecido y trágicamente conocido: la vida está llena de sufrimiento. Desde la muerte de nuestros seres queridos, la pérdida de un trabajo, el fracaso matrimonial, la persecución de los cristianos, las consecuencias desastrosas del pecado hasta una enfermedad recurrente, todos experimentamos las angustias del sufrimiento.

El problema personal del mal

En el capítulo anterior, vimos el problema filosófico y el teológico del mal. Ahora quiero considerar el *problema personal del mal*. ¿Por qué sufrimos? ¿Por qué nuestros amigos, familiares, vecinos, compañeros de escuela y colegas de trabajo experimentan el dolor y la tragedia en sus vidas personales? Más allá de la pregunta del *porqué*, *¿de qué manera* nosotros, los cristianos, deberíamos responder cuando sufrimos? Y ¿cómo podemos ayudar a los demás cuando se enfrentan al dolor y a la tragedia?

Causas del sufrimiento

La Biblia nos presenta muchas causas por las cuales hay sufrimiento. Me concentraré en cuatro que son clave: El sufrimiento ocurre como consecuencia del pecado, como una oportunidad para glorificar a Dios, como un llamado para revivir espiritualmente, como una oportunidad para desarrollar un carácter semejante al de Él. Con frecuencia podemos tener dificultad para entender el porqué de algunos casos de sufrimiento y deberíamos tener mucho cuidado para no apresurarnos a sacar conclusiones al respecto. A pesar de esto, la Biblia nos ayuda a ver las causas del sufrimiento que nos abate a nosotros y a los demás.

Las consecuencias del pecado

Tal como lo hemos visto en el último capítulo, parte del sufrimiento se da como consecuencia del pecado; es la manera en que Dios juzga la desobediencia y castiga la infidelidad. Esto es cierto sólo en *algunos* casos de sufrimiento. Quiero hacer énfasis en este concepto porque tenemos la tendencia a sacar conclusiones de inmediato y pensar que nuestro sufrimiento o el de los demás se debe al pecado. Hasta Jesús se enfrentó con esta actitud generalizada de parte de sus propios discípulos durante su ministerio; sin embargo, Él dio una explicación diferente: "Al pasar Jesús, vio a un hombre ciego de nacimiento. Y le preguntaron sus discípulos, diciendo: Rabí, ¿quién pecó, éste o sus padres, para que haya nacido ciego? Respondió Jesús: No es que pecó éste, ni sus padres, sino para que las obras de Dios se manifiesten en él" (Juan 9:1–3). En este caso, la ceguera del hombre no se debió al pecado, sino que se transformó en una oportunidad para que Jesús hiciera un milagro y le restaurara la vista.

Debemos ser cautelosos cuando pensamos de modo automático que la causa del sufrimiento es el pecado. Sería erróneo llegar a la conclusión precipitada de pensar que una persona ha sido castigada por Dios por tener relaciones homosexuales, cuando la víctima padece de SIDA debido a que recibió una donación de sangre contaminada durante una operación quirúrgica necesaria. Al mismo tiempo, no debemos caer en el otro extremo y descartar que la causa del sufrimiento sea el pecado. Si una persona ebria sale a manejar un vehículo y se estrella por imprudencia con otro auto, hiriendo o matando a los pasajeros, ese sufrimiento es una consecuencia directa del pecado de ebriedad.

La oportunidad para glorificar a Dios

En la historia anterior, Jesús muestra otra causa por la cual se sufre: Le da a Dios la oportunidad de demostrar su poder extraordinario. Esta razón podría verse algo cruel y egoísta porque parece que el sufrimiento

PARA REFLEXIONAR Y PONER EN PRÁCTICA

Permíteme que te presente este desafío, uno que en realidad significa lo que es vivir bajo el señorío de Jesucristo: Si tú sabes que el sufrimiento que estás padeciendo es lo mejor para ti y que, a la larga, será Dios quien reciba la gloria (y no puedes tener lo mejor de Él de otra manera) ¿estarías dispuesto a sufrir en su honor?

¡Es algo difícil, para ti, para mí y para todos! Quizá sea una de las preguntas más difíciles a la que tengas que responder y es una de las preguntas con la que todos tenemos que batallar durante nuestra vida cuando decimos que Jesús es nuestro Señor. Y no eres el único que sentirá cuán difícil es responder que sí. Hasta a mí mismo, al escribirla, me surgen ciertas dudas al querer reafirmar mi compromiso: "¿Estoy dispuesto a sufrir en honor a Dios?" ¿Qué implicaría si digo que sí? ¿Qué implicaría si tú dices que sí? ¿Qué me costaría? ¿Qué te costaría? De inmediato, pensamos en que Dios podría pedirnos que hagamos grandes sacrificios como dejar de lado ciertas amistades, padecer un dolor físico o emocional, abandonar nuestros sueños, adoptar nuevos propósitos, sufrir persecución debido a que somos cristianos, experimentar la pérdida trágica de algún ser querido, reorientar nuestra vida para que gire en torno a Dios y no a nosotros mismos. ¿Estamos en realidad dispuestos a sufrir todo esto y a pasar quizá por otras experiencias para que Dios sea glorificado?

Cuando mi esposa y yo respondimos que sí por primera vez a esta pregunta, fue algo así: "¿Están dispuestos a ir a cualquier parte, a decir cualquier cosa, a hacer cualquier cosa, y a

abandonarlo todo, a cualquier costo, por el bien de Jesucristo?"
Por fe respondimos que sí. En dos años, Dios nos pidió que dejáramos a nuestras familias, amigos, un ministerio floreciente, la
promesa de recibir dinero para continuar los estudios y comprar una vivienda, y dejáramos nuestro país para ser misioneros
en Europa. Tuvimos que aprender un idioma nuevo, adaptarnos
a una cultura nueva, hacernos de amigos nuevos, sufrir que nos
mal interpretaran y nos informaran mal, no ver casi a nuestras
familias, vivir aislados y solos, y experimentar momentos mag-
níficos y oscuros en el ministerio. ¿Sufrimos? Fue la época más
difícil de nuestra vida, hasta el día de hoy ni siquiera hemos llegado a experimentar la mitad de aquellas dificultades. ¿Dios fue
glorificado? En ciertos momentos, de maneras sumamente concretas, lo fue. Pero en cuanto al resto del tiempo, sinceramente,
nos quedaron demasiadas dudas. Si tuviéramos la oportunidad
de volver en el tiempo y pasar por la misma experiencia, ¿deci-
diríamos tomar un camino diferente? Por supuesto que no.
Cuando le dijimos sí a Dios, le cedimos los derechos de nuestra
vida y estuvimos de acuerdo con todo lo que Él nos pondría en
el camino, incluso el sufrimiento. Eso era lo que debíamos hacer. Por más alto que haya sido el costo en términos de sufrimiento, sabemos que no hubiéramos podido tener lo mejor de
Dios de ninguna otra manera.

Si sabes que tu sufrimiento es la mejor manera en que Dios
obrará y que en definitiva se glorificará, y que tú no podrías
conseguirlo de otra manera, ¿estarías dispuesto a sufrir en su
honor? Piénsalo con cuidado antes de responder. Por favor, no
digas que no porque te parece que desperdiciarás la vida si vives como un cristiano comprometido. Ni tampoco digas que sí
porque es mi deseo, porque los demás dicen que sí, porque
crees que complacerás a tus padres con esto o porque te imagi-
nas que siempre puedes cambiar de opinión más tarde. A Dios
no le gusta que quebrantemos nuestras promesas. En lugar de
eso, pídele que te convierta en un cristiano valiente que está
dispuesto a dejar todo para honrarlo a Él. Después puedes decir
que sí con sinceridad. Aquí tienes una promesa de Dios para ti:
"Porque yo honraré a los que me honran" (1 Samuel 2:30).

personal es justamente un arreglo para que Dios actúe y obtenga nuestra atención. Tampoco podemos quejarnos así: "¡Pero Dios, si hay otras maneras para que tú pruebes tu poder y recibas la honra que mereces sin que la gente tenga que sufrir!" Puedo decir sin equivocarme que hay muchas maneras en las que Dios demuestra su poder para recibir su verdadera gloria. Pero también podemos afirmar que Dios es perfectamente sabio y Él siempre elige las mejores metas y los mejores caminos para lograrlas y glorificarse. Esto quiere decir que en cada caso personal de tragedia, el camino del sufrimiento es el mejor medio para que Dios logre su meta sabia y sea en verdad glorificado. No podríamos experimentar lo mejor de Dios si no transitáramos el camino del sufrimiento.

Un llamado para revivir espiritualmente

Otra causa del sufrimiento es que nos insta a acercarnos a Dios. C. S. Lewis lo expresa de esta manera: "El dolor es el megáfono que Dios usa para llamarnos la atención e instarnos a que lo hallemos".[1]

Esto es valedero para las personas que aún no son cristianas. Por ejemplo, consideremos a la gente que es autosuficiente y ha edificado una vida satisfactoria para ellos. Pueden suplir todas sus necesidades y también muchos lujos gracias a sus propios esfuerzos. Se aseguran de tomar las medidas necesarias para protegerse del dolor y el sufrimiento. Dios es la última cosa en la que piensan. Para destruir estos puntales artificiales que sostienen su autosuficiencia, Dios permite que la tragedia entre en sus vidas. En algunos casos, hacen caso omiso a este llamado. En otros, Dios atrae su atención por medio del sufrimiento.

También es valedero para los cristianos. Cuando nos perdemos, Dios nos disciplina, con frecuencia a través de la experiencia dolorosa y triste. El autor de Hebreos nos da una larga explicación sobre esto:

"Hijo mío, no menosprecies la disciplina del Señor,
Ni desmayes cuando eres reprendido por él;
Porque el Señor al que ama, disciplina,
Y azota a todo el que recibe por hijo.

"Si soportáis la disciplina, Dios os trata como a hijos; porque ¿qué hijo es aquel a quien el padre no disciplina? Pero si se os deja sin disciplina, de la cual todos han sido participantes, entonces sois bastardos, y no hijos … Y aquéllos, ciertamente por pocos días nos disciplinaban como a ellos les parecía, pero éste para lo que nos es provechoso, para que participemos de su santidad. Es verdad que ninguna disciplina al presente parece ser causa de gozo, sino de tristeza; pero después da fruto apacible de justicia a los que en ella han sido ejercitados" (Hebreos 12:5–8, 10–11).

A veces, la disciplina de Dios es dura, desagradable y sumamente dolorosa. Sin embargo, el propósito de esta es sabio y alentador porque Dios lo planea para nuestro propio bien. El sufrimiento nos enseña que el pecado en nuestra vida es peligrosamente malo y nos insta a quebrantarlo y a hacer lo correcto. Los resultados de la disciplina son los que deseamos ¡porque nos transformamos en imitadores de la santidad de Dios a medida que nos asemejamos más y más a Él! No es de extrañarse que el autor de Hebreos nos anime a que aceptemos de buena gana el sufrimiento que proviene de la disciplina de Dios.

Una oportunidad para desarrollar un carácter semejante a Dios

Podremos sufrir tribulaciones y pruebas aún cuando no estemos siendo disciplinados por nuestras actitudes y acciones erróneas. Estas experiencias de sufrimiento tienen el propósito de desarrollar en nosotros un carácter maduro que se prolongue a lo largo de toda nuestra vida, tanto en los tiempos buenos como en los de dificultad. El apóstol Pablo explica que: "Nos gloriamos en la esperanza de la gloria de Dios. Y no sólo esto, sino que también nos gloriamos en las tribulaciones, sabiendo que la tribulación produce paciencia; y la paciencia, prueba; y la prueba, esperanza; y la esperanza no avergüenza; porque el amor de Dios ha sido derramado en nuestros corazones por el Espíritu Santo que nos fue dado" (Romanos 5:2–5).

Santiago nos dice algo similar: "Hermanos míos, tened por sumo gozo cuando os halléis en diversas pruebas, sabiendo que la prueba de vuestra fe produce paciencia. Mas tenga la paciencia su obra completa, para que seáis perfectos y cabales, sin que os falte cosa alguna" (Santiago 1:2–4).

Al enfrentarnos a las pruebas y al sufrimiento en los tiempos duros logramos desarrollarnos progresivamente. Con la perseverancia en primer lugar, aprendemos a estar cerca de Dios y a soportar los altibajos de la vida. A medida que caminamos fielmente con Dios en los tiempos difíciles,

PARA REFLEXIONAR Y PONER EN PRÁCTICA

Entonces, ¿cuál es la estrategia de Dios para convertirte en un fuerte seguidor de Jesús? Aunque la misma requiere de muchas cosas, las adversidades y las pruebas forman parte de este plan. Sencillamente, Dios no puede transformarte manteniéndote alejado del sufrimiento. Algunas veces, te sobrevendrá porque eres desobediente y Dios necesita encaminarte. Otras, no sufrirás porque hayas hecho algo mal sino porque estas pruebas harán que seas valiente, flexible a las presiones y estés lleno de esperanza.

Piensa en el pasado, cuando estabas en el camino equivocado. ¿Cómo te disciplinó Dios para encaminarte? ¿Cómo le respondiste tú? ¿Cuál fue el resultado de esa disciplina? Recuerda algunas pruebas que has enfrentado que no hayan sido causa de tu pecado. Quizá hayas estado en conflicto con algún miembro de la familia que parecía no entenderte ni respetarte. Quizá hayas perdido algún amigo íntimo debido a tu compromiso con Cristo. Quizá te esforzaste muchísimo en una clase o en un deporte pero no obtuviste los resultados deseados. ¿Qué es lo que Dios está tratando de hacer en tu vida? ¿Qué lección quiere que aprendas? ¿De qué manera hoy eres diferente, y espero que mejor, gracias a las dificultades que enfrentaste? ¿Es este un motivo de agradecimiento a Dios?

desarrollamos un carácter genuino e íntegro. Con esta madurez e integridad nos convertimos en todo lo que Dios quiere que seamos. Cultivamos la esperanza y nos convencemos de que este crecimiento continuará a través de toda nuestra vida.

¿Cómo responden los cristianos al sufrimiento personal?

Cuando sufrimos, debemos reconocer que Dios tiene el total control de nuestra desesperada situación y nunca debemos culparlo por el mal que se atraviesa en nuestro camino. A pesar de que nuestros pensamientos nos dicen lo contrario, debemos alabarlo por obrar su plan sabio y bueno. Debemos rechazar la tendencia que tenemos de cuestionar la soberanía de Dios. Una manera de lograrlo es confiar en la promesa que Pablo nos da: "Y sabemos que a los que aman a Dios, todas las cosas les ayudan a bien, esto es, a los que conforme a su propósito son llamados" (Romanos 8:28). Cuando nos aferramos a esta promesa, no intentamos convencernos de que el dolor y el sufrimiento son buenos, ¡todo lo contrario! Más bien, a medida que nos damos cuenta de que los hechos que nos suceden son, en verdad, difíciles, reconocemos que Dios se vale de dichas dificultades y obra para bien en nuestra vida. Otra manera importante de reconocer que Dios es quien tiene el control es no culpándolo.

Más allá de esto, debemos estar agradecidos a Dios cuando sufrimos. Una actitud de acción de gracias debe caracterizar el estilo de vida de nosotros, los cristianos. Pablo nos insta a dar "gracias en todo, porque esta es la voluntad de Dios para con vosotros en Cristo Jesús" (1 Tesalonicenses 5:18). Cuando el Espíritu Santo nos guía, podemos estar "dando siempre gracias por todo al Dios y Padre, en el nombre de nuestro Señor Jesucristo" (Efesios 5:20). Si nuestra vida se caracterizará por la gratitud, entonces esta debe estar presente cuando sufrimos. Santiago nos anima de este modo: "Hermanos míos, tened por sumo gozo cuando os halléis en diversas pruebas, sabiendo que la prueba de vuestra fe produce paciencia" (Santiago 1:2–3). Pablo agrega: "por quien también tenemos entrada por la fe a esta gracia en la cual estamos firmes, y nos gloriamos en la esperanza de la gloria de Dios. Y no sólo esto, sino que también nos gloriamos en las tribulaciones, sabiendo que la tribulación produce paciencia; y la paciencia, prueba; y la prueba, esperanza; y la esperanza no avergüenza; porque el amor de Dios ha sido derramado en nuestros corazones por el Espíritu Santo que nos fue dado" (Romanos 5:2–5). Podemos dar gracias debido a que vemos el buen propósito obrando en nuestro sufrimiento. Y cuando sufrimos, cultivamos la esperanza que nos conecta con la poderosa experiencia del amor de Dios.

Cuando le damos gracias a Dios en medio de las tribulaciones, no tenemos que hacer de cuenta que en realidad no sufrimos o que estamos felices con el sufrimiento. Hago énfasis en esto porque algunos cristianos creen que está mal pensar que algunos hechos o circunstancias en verdad son dolorosos. Generan una especie de negación: si el sufrimiento existe, no les produce un impacto. Esta postura estoica no es sincera ni productiva, y aún menos realista.

Tampoco debemos tener miedo de ser sinceros con Dios por lo que sentimos cuando padecemos. David es un ejemplo para nosotros cuando se dirige a Dios en oración en medio de un gran dolor:
¿Hasta cuándo, Jehová? ¿Me olvidarás para siempre?
¿Hasta cuándo esconderás tu rostro de mí?
¿Hasta cuándo pondré consejos en mi alma,
Con tristezas en mi corazón cada día?
¿Hasta cuándo será enaltecido mi enemigo sobre mí?
Mira, respóndeme, oh Jehová Dios mío;
Alumbra mis ojos, para que no duerma de muerte;
Para que no diga mi enemigo: Lo vencí.
Mis enemigos se alegrarían, si yo resbalara.
Mas yo en tu misericordia he confiado;
Mi corazón se alegrará en tu salvación.
Cantaré a Jehová,
Porque me ha hecho bien. (Salmos 13)

David se lamenta ante Dios con toda sinceridad. Está harto de sus dificultades. Se siente completamente abandonado por Dios, sin poder sentir el consuelo y la preocupación de Dios por él. Además, protesta contra el dominio de sus enemigos, los que se burlan de su padecimiento, desacreditándolo a él y a Dios, quien se supone que lo está cuidando. David siente que su vida se termina y en verdad es así porque, a menos que Dios haga algo, morirá. Pero fíjate como concluye. Abre su corazón a Dios y en medio de los lamentos y las lágrimas expresa con gozo su persistente fe en ese infalible amor de Dios.

La confianza y la sinceridad no son actitudes mutuamente excluyentes que no podamos tener al mismo tiempo. Podemos ser completamente transparentes con Dios y plantearle nuestros inconvenientes y quejas, sin temor a la represalia. Dios no se escandaliza por nuestros sentimientos de abandono y decepción que le expresamos, porque nos conoce por completo, se da cuenta de cuán enojados estamos aún cuando no digamos nada. Lo que no ayuda es ser hipócritas con Dios, diciéndole lo que creemos que Él quiere escuchar como: "Gracias por mis padecimientos; ¡en realidad disfruto de este dolor y aflicción!", cuando no es lo que sentimos. Sigamos el ejemplo de David y permitámonos también afirmar nuestra confianza en su amor al llorar con amargura ante Dios con sinceridad y congoja.

¿Cómo debemos responder los cristianos al sufrimiento de los demás?

Si esta es la manera en que los cristianos debemos responder cuando sufrimos en lo personal, ¿cómo podemos ayudar de la mejor manera posible a los demás cuando se enfrentan al dolor y a la tragedia? Primero, debemos darnos cuenta de que cada persona es diferente. Esto significa que respondemos al sufrimiento de manera diferente y necesitamos un tipo de ayuda diferente. No puedo decirte qué harás en cada caso en particular, pero puedo ofrecerte algunas cosas para que las tengas en cuenta cuando alguien está padeciendo. Algunas de estas son las *cosas que no hay que hacer* y otras, *las que sí hay que hacer*.

Cosas que no hay que hacer

Primero, no debemos decirles a los demás que sabemos con exactitud cómo se sienten. Aún cuando nuestros sufrimientos provengan de circunstancias similares, quizá sea la pérdida de algún familiar o el divorcio de los padres, las personas reaccionan de diferentes maneras. Como los sentimientos son asuntos personales, es difícil imaginarse que dos personas puedan sentirse exactamente de la misma manera aún ante circunstancias similares. Además, los que afirman que esto es posible tienen la tendencia a despacharse con una prolongada descripción de su tragedia, concentrando la atención en ellos en lugar de ayudar al que está sufriendo. No estoy desestimando la importancia de demostrarles empatía o compartir sus sentimientos, pero hay mejores maneras de hacerlo.

Segundo, no debemos imaginarnos que sabemos por qué los demás están sufriendo. ¡Esto es peligroso y atrevido! Cuando alguien quiere resolver el problema de los demás, trata de identificar la causa de este para poder ofrecerles una solución concreta. Es casi como un diagnóstico médico: el paciente sufre de una dolencia "X" y por ende debe hacer "tal cosa". Pero como el sufrimiento surge de muchas causas diferentes, es difícil decir con exactitud que en tal caso particular el sufrimiento se debe a esta o aquella causa. Es presuntuoso pensar que tenemos la respuesta al porqué. Además, ¿y si cometemos un error al identificar la causa del sufrimiento de otros? Uno de los errores más comunes cuando tratamos con gente que está sufriendo es atribuírselo a algún pecado personal. Como ya vimos anteriormente, sólo algunos de los padecimientos se deben a esta causa. Si relacionamos su sufrimiento con algún pecado personal de su parte, ellos tienen la culpa por la trágica situación en la que se encuentran. ¡Imagínate los sentimientos de culpa que florecerán! Entonces, renunciarán al supuesto pecado y tratarán de no volver a cometerlo, pero continuarán sufriendo. Intentarán esforzarse más pero obtendrán el mismo resultado. Los sentimientos de culpa se multiplican y con frecuencia aparece la desesperación o resignación, y todo debido a un mal diagnóstico hecho en primera instancia. Esto puede ser peligroso.

Tercero, no debemos subestimar el dolor y el sufrimiento de los demás insistiéndoles en que la situación en realidad no es tan mala como ellos piensan. Algunos sufrimientos se deben a problemas demasiados intrincados y se necesitan años de gran esfuerzo para resolverlos. Además, esto nos conduce a una idea errónea, porque pensar en forma positiva sobre dicho padecimiento, no lo quitará. ¡Qué engañoso y cruel es esto! También los puede incitar a que tomen una postura estoica y a que no sean sinceros con Dios y con los demás con respecto a su dolor. El ejemplo de David se erige en contra de esto. Tampoco debemos decirles a las personas que si tienen suficiente fe, Dios las bendecirá y quitará el sufrimiento. Aunque es extremadamente importante vivir con una fe sólida cuando se sufre, puede darse el caso de que el sufrimiento sea parte del misterioso plan de Dios para ellos. La fe y el sufrimiento no son mutuamente excluyentes.

Finalmente, nunca debemos permitir que los sufrimientos de los demás nos lleven a actuar mal. A pesar de que al comienzo de la tragedia la tendencia puede ser maldecir a Dios, hemos visto cuán errado es culparlo. También, algunas personas que sufren con desesperación expresan deseos de morirse o suicidarse. Con frecuencia esto se debe a una depresión profunda, que puede tratarse con medicamentos y asesoramiento. No debemos permitirles que permanezcan pasivos, que se nieguen a tomar un medicamento recetado o a ir a un médico para que los ayude a resolver este deseo de suicidarse, ya que les provocaría una muerte prematura al tratar de escapar del dolor en el que se encuentran.

Cosas que sí hay que hacer

Hay algunas cosas positivas que podemos hacer. Primero, debemos darnos cuenta de que algunas veces la mejor ayuda que podemos ofrecer puede ser no ayudar en nada. Varios años atrás uno de mis queridos amigos me agradeció por asistir al funeral de su madre hace muchos años. Se acordaba del gran consuelo y cariño que mi presencia le había brindado en aquel momento funesto. Todo lo que yo recuerdo es cuán horrorizado me sentía al tener que asistir al funeral. Me siento sumamente incómodo en estas situaciones y con frecuencia no tengo palabras. Recuerdo que traté de buscar alguna excusa para no ir. Cuando ya no me quedaron excusas, pensé en cómo evitaría ver a mi amigo para no ser torpe con mis palabras y pasar por un tonto. Pero fui, lo abracé y le expresé cuán dolido me sentía por la pérdida de su madre. Eso era todo lo que necesitaba. Lo que aparentó no ser de ayuda en absoluto, resultó ser de beneficio. Cuando nos encontramos con personas que están sufriendo, no debemos pensar de inmediato en qué tenemos que hacer para ayudar. Quizá el mero hecho de estar con ellos es todo lo que necesiten en ese momento.

Segundo, debemos ayudar a las personas a que sepan que Dios mismo conoce el sufrimiento que padecen. Después de todo, Él dio a su propio Hijo para que lo crucificaran como el inocente hombre-Dios en manos de los mismos malvados seres humanos a quienes había venido a salvar. La muerte de Cristo es una prueba convincente de que Dios mismo está íntimamente familiarizado con el dolor y la tragedia. Debido a que Jesucristo sufrió, Él está preparado cien por cien para condolerse con nosotros cuando sufrimos: "Porque no tenemos un sumo sacerdote que no pueda compadecerse de nuestras debilidades, sino uno que fue tentado en todo según nuestra semejanza, pero sin pecado. Acerquémonos, pues, confiadamente al trono de la gracia, para alcanzar misericordia y hallar gracia para el oportuno socorro" (Hebreos 4:15–16). En nuestros momentos de angustia, se nos invita a buscar ayuda en aquel que sufrió como nosotros. Dios no es ajeno a la tragedia y Jesucristo está listo para que su misericordia y gracia nos ayuden en los tiempos de infortunio.

Tercero, también debemos recordarles a los otros cristianos que Dios es lo suficientemente bueno y poderoso como para sacar algo bueno de la peor impiedad. Esta es su promesa: "Y sabemos que a los que aman a Dios, todas las cosas les ayudan a bien, esto es, a los que conforme a su propósito son llamados" (Romanos 8:28). Podemos alentar a otros porque su sufrimiento forma parte del plan maestro de Dios y esto en definitiva obrará para bien. A pesar de que no quieran, ni puedan ver el bien que Él ha preparado por medio de este instrumento de dolor y tragedia, podemos ofrecerles con seguridad palabras de esperanza porque Dios está obrando para su propio bien. Debemos orar, para que por medio de la fe, puedan aceptar que el sufrimiento está bajo el control de nuestro poderoso y amante Dios.

PARA REFLEXIONAR Y PONER EN PRÁCTICA

Una advertencia: Hemos visto algunas verdades maravillosas acerca de Dios, el sufrimiento y el consuelo. Como cristianos, esto es tan importante que es natural y justo que queramos comunicárselo a los demás. Pero al hacerlo debemos prestar atención en cómo llevarlo a cabo. En algunas ocasiones, compartir la palabra de Dios con aquellos que sufren puede ser un mero ofrecimiento de respuestas oportunas, una panacea para todos nuestros problemas. Quizá esto se deba en parte a nuestra tendencia a leer simplemente un pasaje y luego esperar una respuesta inmediata que quite el sufrimiento de una vez por todas y para siempre. Esto puede suceder, pero en algunos casos no se da así. En realidad, puede resultar contraproducente. Puede parecer impersonal y frío. Las personas que sufren necesitan algo más que clichés cristianos. Necesitan y merecen compasión, necesitan compartir sus penas y cargas, y necesitan una relación paciente a largo plazo que las ayude a caminar por el sendero del padecimiento. Esto requiere más que decir unas palabras, no importa cuan verdadera sea la Palabra.

Descubre la voluntad de Dios para tu vida

CAPÍTULO 13

Mi esposa y yo pasamos varias semanas, desde la graduación de la universidad hasta nuestra boda, reuniendo los fondos para nuestro próximo trabajo ministerial con Cruzada Estudiantil y Profesional para Cristo. Un día visitamos a un hombre de negocios en un pequeño pueblo a las afueras de South Bend en Indiana, Estados Unidos. Mientras le explicábamos los planes futuros del ministerio con los jóvenes, nuestro amigo nos comentó qué interesante sería si termináramos en la Universidad de Notre Dame allí mismo en South Bend. Fue una broma porque Notre Dame es una universidad católica y Cruzada Estudiantil y Profesional para Cristo es un movimiento protestante, y ¡todos nos reímos con ganas!

Cuando terminamos la conversación, nos dirigimos caminando hasta nuestro auto para regresar a Chicago. Mi esposa abrió la puerta delantera del acompañante y se subió, y yo abrí la puerta del conductor y me senté. Nos miramos y al mismo tiempo dijimos: "Dios nos quiere en Notre Dame". De un modo misterioso, pero claro y decisivo, Dios se valió de la broma de aquel hombre de negocios para encaminarnos en el primer trabajo ministerial con Cruzada Estudiantil y Profesional para Cristo. Hasta el día de hoy no lo comprendemos, pero Dios nos dio una convicción muy fuerte de que debíamos ir a Notre Dame y allí estuvimos durante dos años.

Mientras preparábamos nuestro trabajo en Notre Dame, sentimos que Dios nos pedía que pasáramos un verano en el extranjero trabajando con Cruzada Estudiantil y Profesional para Cristo en Italia. Nos inscribimos para un proyecto de seis semanas durante el verano en Roma y comenzamos a hacer los preparativos del viaje. Una tarde, al regresar de la biblioteca de South Bend con libros sobre la cultura y el idioma italianos, mi esposa me saludó desde la puerta de casa y me pasó el teléfono. "¡Es mejor que hables con ellos!", me dijo enigmáticamente. Uno de los directores internacionales de Cruzada Estudiantil y Profesional para Cristo estaba del otro lado de la línea. "Es estupendo que ustedes ya tengan libros sobre Italia", me dijo animadamente, "porque los van a necesitar. Pero no sólo durante seis semanas en el verano sino durante cinco años: Queremos que vayan a trabajar a Italia durante cinco años". En definitiva, pasamos siete años en Italia y Suiza, en una región donde se habla italiano.

Conoce la voluntad de Dios

Creo que nunca conocí a un cristiano que no se pregunte (y se preocupe) por saber cómo hacer para conocer la voluntad de Dios para su vida. No puedo ofrecer ninguna respuesta sencilla ni fácil sobre este asunto. Si observo lo que experimenté en las historias que acabo de contar, veo que Dios me orientó por medio de una convicción misteriosa e íntima cuando me dijo que iría a Notre Dame, y por medio de un llamado de larga distancia de mis supervisores cuando me dijo que fuera a Italia. Además, Dios me orientó por medio del sabio (y no tan sabio) consejo de amigos, al ayudarme a entender dónde usaría mejor mis dones espirituales, abriendo ciertas puertas y cerrando otras, alentándome a cumplir los compromisos asumidos con anterioridad y de muchas otras maneras. Es evidente que desconozco la fórmula secreta para conocer la voluntad de Dios, pero puedo ofrecerte algunas reflexiones como ayuda.

Por ser quien eres, te enfrentas a las decisiones más importantes de tu vida hoy y en el futuro. ¿Qué tipo de persona serás? ¿Independiente de tus padres? ¿Qué impresión le darás a tus compañeros, amigos, familia, maestros, colegas, vecinos y gente de la iglesia durante tu escuela secundaria? ¿Entre tus planes futuros se incluye la universidad o te dedicarás a trabajar directamente? Después de varios cambios de trabajo, ¿a qué te dedicarás finalmente? ¿Te casarás o te quedarás soltero? Si te casas ¿por qué lo harás, con quién te casarás, cuándo y cómo lo harás? Si te quedas soltero, ¿cómo controlarás tus deseos físicos y cómo te sobrepondrás a la soledad? Si tienes una familia, ¿cuántos hijos tendrás, cómo los mantendrás, dónde los criarás y cómo harás para ser un buen padre o madre?

Como siervo de Jesucristo que eres ¿de qué manera prosperarás en todo esto?

En otras palabras, ¿qué es lo que serás y harás cuando madures?

Debido a que la voluntad de Dios en tu vida comprende todas estas áreas (y muchas, muchas más), debes depender de Él para descubrir lo que Dios quiere que seas y hagas. Entonces, ¿qué puedes hacer para conocer la voluntad de Dios en tu vida?

Conoce a Dios de un modo personal

Estoy convencido de que la clave para conocer su voluntad es ser quien debes ser, un portador de la imagen de Dios. Recuerda: Él nos creó a su imagen para que nosotros, tal como un espejo, pudiéramos reflejarlo en el mundo en que vivimos. Esto implica tanto comprender como imitar los atributos comunicables de Dios. Debemos ser personas con conocimiento, sabiduría, poder, amor, santidad, justicia, celo, veracidad, fidelidad, soberanía, misericordia, gracia e ira divinos. Entonces, reflejaremos a Dios en el mundo en que vivimos. Este mundo en el que vives es la red de relaciones que hoy mantienes en la escuela, en tu familia, en la comunidad y la iglesia. En el futuro, ese mundo cambiará. Puede que abarque el mundo de los negocios, la enseñanza, la crianza de los hijos, las misiones, la política, el trabajo social, el cuidado de una casa, los deportes, las computadoras, los medios de prensa, la iglesia, y así sucesivamente, pero siempre será el mundo en el que tú vives. Esta es y siempre será tu responsabilidad. Tu mundo puede ser demasiado pequeño, quizá se limite al pequeño pueblo en el que te criaste, o demasiado grande, quizá te conviertas en un profesor universitario, un juez de tribunales, el alcalde de la ciudad, el ejecutivo de una gran compañía, un ganador de la medalla de oro en las olimpíadas de atletismo, el presidente de una organización misionera en el extranjero o un miembro del consejo de ministros del gobierno. En cada caso, la voluntad de Dios es que tú lo reflejes en el mundo en el que vives.

Adora a Dios

Otra forma de conocer la voluntad de Dios es adorarlo con regularidad y entusiasmo. Por lo general, Dios nos revela lo que quiere que hagamos en momentos de intensa adoración. Vemos un ejemplo bíblico en el llamado de los primeros cristianos misioneros. Tuvo lugar en un grupo de creyentes en la iglesia de Antioquía: "Ministrando éstos al Señor, y ayunando, dijo el Espíritu Santo: Apartadme a Bernabé y a Saulo para la obra a que los he llamado. Entonces, habiendo ayunado y orado, les impusieron las manos y los despidieron" (Hechos 13:2–3). Estos primeros cristianos sintieron la voluntad de Dios al estar participando de una intensa adoración.

Tiene sentido pensar, sin lugar a dudas, que Dios se dirigirá a nosotros en momentos en que estemos comprometidos seriamente con Él y alabándolo. Recuerdo en particular una vez, en la que durante un momento de adoración intenso, Dios se dirigió a mí para revelarme su voluntad. La sensación de lo que Dios quería que hiciera con nuestro ministerio era tan específica que pude hasta escribirla. Años más tarde, miré de nuevo esta lista y noté cómo Dios había consumado aquellos planes por medio de nuestro trabajo misionero.

Me dedicaré más a este tema de la adoración en el próximo capítulo porque es de suma importancia.

Acepta a Dios como Padre

Un paso importante para conocer la voluntad de Dios es darse cuenta de que Dios quiere guiarnos porque somos sus hijos. Muchos cristianos piensan que Dios se complace en no mantenernos al tanto de su voluntad. Se lo imaginan mísero, tacaño, miserable, que sólo ofrece su guía a regañadientes. Pero, ¿qué Padre amoroso se rehúsa a hacerles saber a sus hijos lo que quiere que hagan? Sería un padre malvado y Dios no es así. Él nos prometió que si lo buscamos con fe y dependemos de Él, nos guiará y encaminará en el curso de nuestra vida:

Fíate de Jehová de todo tu corazón,
Y no te apoyes en tu propia prudencia.
Reconócelo en todos tus caminos,
Y él enderezará tus veredas. (Proverbios 3:5–6)

En realidad, Dios está deseoso de darnos la sabiduría para que enfrentemos las muchas opciones que nos ofrece la vida: "Y si alguno de vosotros tiene falta de sabiduría, pídala a Dios, el cual da a todos abundantemente y sin reproche, y le será dada. Pero pida con fe, no dudando nada" (Santiago 1:5–6).

El Dios al que oramos está listo para darnos sabiduría en abundancia y nunca nos critica por pedirle su guía. La única condición que nos pide es que confiemos en que Él, en verdad, nos dará la sabiduría que necesitamos y buscamos.

Ora para que Dios te guíe

Dios desea guiarnos y debido a eso deberíamos esperar que Él revele su voluntad cuando buscamos su dirección en oración. Esta expectativa:

* debe revitalizar nuestras oraciones para entender su voluntad. Cuando oramos debemos darnos cuenta de que al decirle: "Dios, ¿qué quieres que haga?", lo complacemos y Él nos oye;
* debe animarnos a escucharlo con atención cuando le pedimos que nos responda para hacernos conocer su voluntad. Al orar, debemos asegurarnos de tener momentos de silencio para escucharlo y oír lo que quiere decirnos;
* debe motivarnos a ser sensibles a Dios. Al orar, debemos esperar para sentir su guía. No debemos esperar oír una voz audible, sino esa sensación que puede ir desde una impresión fuerte hasta una certidumbre apacible de que lo que tenemos que hacer es lo que Dios en verdad desea;
* debe animarnos a pedir el consejo de creyentes maduros que nos conozcan con detenimiento y puedan discernir con sabiduría la voluntad de Dios. Es importante, en especial, revisar con otros cristianos sabios lo que sentimos para que lo confirmen o lo cuestionen. Antes de que nos embarquemos en algo disparatado o desastroso, es prudente y sabio preguntar: "Tengo la convicción de que Dios me está indicando que dé un paso en esta dirección, ¿qué te parece?".

Lee la Biblia

Buscar la voluntad de Dios por medio de la lectura de su Palabra es, de manera evidente una parte importante para obtener una dirección clara de Él. Personalmente, no favorezco la práctica riesgosa de abrir la Biblia al azar y decirle a Dios que cualquier cosa que leas, lo usarás como su guía. Es preferible que abordes la lectura de la Biblia de dos maneras: La primera es comenzar o continuar leyéndola todos los días. Se puede

PARA REFLEXIONAR Y PONER EN PRÁCTICA

¡Permíteme que te dé el mejor consejo que yo nunca seguí! Estaba en una encrucijada en mi vida y trataba de discernir la voluntad de Dios. Tenía una propuesta concreta de un ministerio y estaba considerando seriamente si eso era lo que Dios quería que hiciera. Fui a buscar a un amigo sumamente sabio y que tenía amplia experiencia en estas cuestiones de ayudar a la gente a descubrir la dirección de Dios. Después de explicarle la propuesta que tenía, me dijo que viajara al extranjero, al país donde estaba dicho ministerio, y que me quedara varias semanas para observar la situación y ver si yo era la persona adecuada para ese puesto. Su consejo tenía sentido, pero como el boleto de avión era demasiado costoso y tendría que invertir mucho tiempo para investigar la situación, decidí no hacerle caso. Llegué a la conclusión de que era la voluntad de Dios que aceptara ese trabajo sin verificar nada más. ¡Craso error! No era la persona adecuada para ese puesto; al año vi cómo se derrumbaba el ministerio ante mis propios ojos. ¡Y este fue sólo uno de los problemas a los cuales tuve que enfrentarme!

Una palabra para el prudente: ¡No cometas el mismo error que yo! Si eres sabio, considera con seriedad el consejo de gente que tiene sabiduría para determinar la voluntad de Dios para tu vida.

tener un calendario para mantenerse al día con la lectura (algunos calendarios están diseñados para que leas toda la Biblia en un año), o puedes crear tu propio programa. Lo importante de este tipo de lectura es que te enfrasque en la perspectiva bíblica para que puedas experimentar cómo Dios obra y dirige a su pueblo.

Cuando te familiarices más y más con la Escritura, puedes abordarla de otra manera. Consulta porciones específicas de la Biblia que tú sepas que te darán el tipo de dirección que necesitas en épocas determinadas de tu vida. Por ejemplo, quizá estés batallando con las relaciones familiares. Efesios 6:1–4 y Colosenses 3:20–21 te darán una buena dirección. Tal vez, estás harto del chisme y la calumnia que hay en tu grupo juvenil y quieres ayudar a erradicarlo. Santiago 3:1–12 te instruirá sobre eso. A lo mejor, tú y tus amigos estén en desacuerdo en cuanto a participar en actividades como los juegos de video, ir a las galerías de juego, usar cierto tipo de ropas y ponerse más o menos maquillaje. Algunos de ustedes piensan de una manera, otros, de otra diferente y la Biblia parece no tener una postura al respecto. Lee Romanos 14 para tener una buena perspectiva. Con el tiempo y la experiencia, conocerás más y más pasajes en la Biblia que te darán una ayuda sólida para tratar con asuntos específicos en momentos diferentes.

Dios revela su voluntad de variadas y distintas maneras cuando lees la Biblia. En ciertas oportunidades, la Palabra deja por sentado, en forma explícita, cuál es la voluntad de Dios. Por ejemplo, Pablo dice: "pues la voluntad de Dios es vuestra santificación; que os apartéis de fornicación" (1 Tesalonicenses 4:3). ¡Más claro, échale agua! Debemos ser santos; para ser más específicos, debemos ser puros en lo que respecta a la sexualidad. Si estás cometiendo una inmoralidad sexual y lees este pasaje, debes entender que lo que estás haciendo va en contra de la voluntad de Dios y lo aflige mucho. Por ende, debes dejar de hacerlo de inmediato.

Sin embargo, no todas las orientaciones sobre la voluntad de Dios vendrán con el título "esta es la voluntad de Dios". Muchas otras adquieren la forma de mandatos. Por ejemplo: "orando en todo tiempo con toda oración y súplica en el Espíritu, y velando en ello con toda perseverancia y súplica por todos los santos" (Efesios 6:18). La voluntad de Dios es que oremos con atención y continuamente en todo tiempo, en todas las circunstancias y por todos los cristianos. Esta no es una declaración de la voluntad de Dios, sino un mandato que nos confronta con su voluntad y exige que lo obedezcamos en lo que Él dice. Cuando sentimos el impacto de tal mandato; debemos orar.

Otra manera que Dios tiene de hacernos saber su voluntad en la Escritura es por medio de los relatos. Las historias bíblicas constituyen una manera especial y eficaz de comunicar la voluntad de Dios cuando nos compenetramos con la vida de los personajes y la situación por la que pasan. Por ejemplo:

- Éxodo 32 nos cuenta la historia del becerro de oro. Los israelitas se habían impacientado con Moisés y fundieron el oro que tenían para fabricar un ídolo en forma de becerro. Pusieron al becerro de oro en un altar y lo adoraron en una celebración descabellada.

- Números 25 nos relata la historia de algunos israelitas que cometieron inmoralidades sexuales con mujeres paganas y comenzaron a adorar a los ídolos que ellas adoraban. Como castigo, Dios les envió una plaga que mató a miles.
- Números 21 nos narra la historia de la rebelión de los israelitas al quejarse contra Dios. Como castigo, Dios les envió una serpiente venenosa que los mordiera y muchos de ellos murieron.
- Números 16 relata otra historia sobre las quejas contra Dios que resultó en el aniquilamiento de miles de personas.

En su epístola a los corintios, Pablo se vale de estas cuatro historias para enseñarle a la gente acerca de la voluntad de Dios. "Mas estas cosas sucedieron como ejemplos para nosotros, para que no codiciemos cosas malas, como ellos codiciaron. Ni seáis idólatras, como algunos de ellos, según está escrito: Se sentó el pueblo a comer y a beber, y se levantó a jugar. Ni forniquemos, como algunos de ellos fornicaron, y cayeron en un día veintitrés mil. Ni tentemos al Señor, como también algunos de ellos le tentaron, y perecieron por las serpientes. Ni murmuréis, como algunos de ellos murmuraron, y perecieron por el destructor. Y estas cosas les acontecieron como ejemplo, y están escritas para amonestarnos a nosotros, a quienes han alcanzado los fines de los siglos" (1 Corintios 10:6–11). Cuando leemos sobre la desobediencia de los israelitas y el castigo horrible que Dios les envió, esto también nos advierte a nosotros a no seguir su ejemplo desastroso. Si leemos estos relatos y, en estos momentos, nos encontramos involucrados en la idolatría, la inmoralidad sexual, la rebeldía y la queja contra Dios, sentiremos que estamos en peligro. Al ser advertidos de que estamos en el camino equivocado, debemos dejar de lado dichas actividades y volvernos a Dios. Esta es su voluntad revelada por medio de los relatos bíblicos.

Declaraciones explícitas de la voluntad de Dios. Mandatos que establecen su voluntad. Relatos que describen su voluntad. A medida que leemos la Biblia para descubrir la voluntad de Dios, debemos estar atentos a las variadas maneras en que su Palabra nos revela dicha voluntad.

Haz la voluntad de Dios

Cuando Dios nos hace saber su voluntad, espera que respondamos cumpliéndola. Algunas veces, nuestra respuesta consiste en que confiemos en Él en una situación específica. Por ejemplo, recuerdo un incidente en el que sospeché que no se había dicho toda la verdad. La persona que estaba absteniéndose de dar la información quedaba en una posición ventajosa y podía ahorrar muchísimo dinero, pero en realidad no cumplía con los requisitos para obtener tan buena oportunidad financiera. Estaba furioso por la aparente injusticia y a punto de delatarla por el engaño.

Sin embargo, después recordé esta instrucción: "Todo hombre sea pronto para oír, tardo para hablar, tardo para airarse; porque la ira del hombre no obra la justicia de Dios" (Santiago 1:19–20). Me di cuenta de que si reaccionaba con furia y llamaba por teléfono para delatar la aparente mentira, no estaría llevando a cabo la voluntad de Dios de la manera que debía cumplirse. Hasta que no estuviera listo para lidiar con la situación de una manera adecuada, tenía que confiar en que Dios rectificara lo injusto.

Resultó ser que la persona no había retenido información; otra persona había cometido un error. Una vez que se aclaró la equivocación, se solucionó el problema y nadie fue culpado por actuar mal. ¡Qué desastre podría haber causado si hubiera actuado enojándome prematuramente! Al confiar en Dios, Él llevó a cabo su voluntad de un modo edificante.

¿La voluntad de Dios es que confíes en una situación en particular en este momento?

Algunas veces, nuestra respuesta es obedecer a Dios de un modo en particular. Una de las cosas más difíciles para mí es decirle que no a los demás. Cuando alguien me pide algo, quiero complacerlo y no puedo rehusarme, aún cuando no sé si tendré el tiempo para hacerlo. Con mucha frecuencia, termino diciendo que sí. Después no puedo hacer lo que me pidieron o lo hago a medias, y decepciono tanto a la persona como a mí mismo. Me pongo furioso porque se atrevieron a pedirme ayuda, ¡cuando deberían saber que soy una persona demasiado ocupada y que no deberían habérmelo pedido desde un principio! Me doy cuenta de que decirle sí a algunos implica tener que decir que no a otras cosas, como a mi familia o a mí mismo, y esto no es justo. Entonces prometo que en el futuro diré que no a estos requerimientos, aunque en varias ocasiones no lo he cumplido.

La Biblia confronta esta área de mi vida y me demanda obediencia. Jesús mismo y el apóstol Santiago nos ordenan: "Pero sea vuestro hablar: Sí, sí; no, no; porque lo que es más de esto, de mal procede" (Mateo 5:37; ver también Santiago 5:12). Me doy cuenta de que no puedo decirles que sí a los demás cuando no tengo la intención de hacer lo que me piden. Es mejor decepcionarlos desde el principio al decirles que no, que decepcionarlos después cuando no haya cumplido con lo que me había comprometido. La clave es decirles a los demás que no con amabilidad, sin que se sientan mal por la petición que me hicieron. Por ejemplo, les puedo decir con sinceridad que me gustaría ayudarlos, pero que tengo otros compromisos y debo decirles que no. Hasta puedo ayudarlos a pensar en alguien más a quien pueden recurrir. La voluntad de Dios en mi vida implica que cumpla con lo que diga. En especial, cuando se trata de decir que no a los pedidos de los demás que no se alinean con el plan de Dios para mi vida en ese momento.

¿Es la voluntad de Dios que tú lo obedezcas de un modo en particular en este momento?

Algunas veces, nuestra reacción es alabarlo y darle gracias por un don en particular. En otras ocasiones, es amar con más pasión a Dios. En otras, es llegar a los demás con amor. Experimentarás muchas otras maneras de responder a Dios. La clave es que cuando revele su voluntad, le respondamos apropiadamente.

Haz la voluntad de Dios en todo

En ciertas oportunidades, nos quedamos tan atrapados en los asuntos más importantes de la vida que fracasamos en el andar diario con Dios y en hacer su voluntad en lo cotidiano. Las líneas que siguen son de una canción que expresa lo que quiero decir:

Me distraigo demasiado en mis grandes proyectos,
Muéstrame la importancia de las cosas simples,
Como una palabra, una semilla, una espina, un clavo,
Y una copa de agua fresca.[1]

Por supuesto que está bien que nos preocupen los asuntos importantes de la vida. Deben ser el motivo principal de nuestra oración, de nuestros pedidos de consejo a los demás, de nuestra búsqueda en la Palabra y de nuestra espera en Dios. Pero nunca debemos dejarnos absorber tanto por estos asuntos de gran escala que descuidemos las cuestiones menores, como visitar a los abuelos, detenerse en los pasillos de la escuela para ver cómo está un alumno, ir a pasear por el parque, cumplir con nuestras tareas hogareñas a tiempo, soportar la mala conducta de un hermano sin hacer mucho alboroto en casa, hacer bien las tareas escolares.

Estas pueden parecer cuestiones triviales y en muchos casos lo son. Pero como hemos visto, a nuestro Dios le interesan los asuntos importantes pero también se ocupa de los detalles. Para nada es una tarea mundana vivir para Él momento a momento siguiendo su voluntad. Más bien, la dignidad y la importancia con las cuales nos creó Dios significan que en cada decisión que tomamos confiando en Él, en cada acto de obediencia, en cada oración de acción de gracias, en cada expresión de alabanza y en cada obra de amor lo estamos complaciendo. ¡Disfruta del viaje!

Por último, recuerda quién es Dios, aquel a quien queremos conocer, seguir y hacer su voluntad. Él es sabio, poderoso, amoroso y soberano. Como este Dios que nos dirige en su voluntad es sabio, siempre elegirá las mejores metas y la mejor manera de llevarlas a cabo. Como este Dios que nos dirige es poderoso, nunca dejará de darnos los recursos necesarios para llevar a cabo su voluntad. En realidad, las provisiones de Dios para hacer su voluntad nunca escasean, porque su Palabra nos explica que Él "es poderoso para hacer todas las cosas mucho más abundantemente de lo que pedimos o entendemos, según el poder que actúa en nosotros" (Efesios 3:20). Como este Dios que nos dirige en su voluntad es amoroso, nunca debemos dudar de que su voluntad para nosotros sea buena, y como este Dios que nos dirige en su voluntad es soberano, Él llevará a cabo con certeza toda su buena voluntad y se gloriará en gran manera.

PARA REFLEXIONAR Y PONER EN PRÁCTICA Piensa en un área en la que quieras descubrir la voluntad de Dios en tu vida y aplica las ideas de este capítulo que te ayudarán en el proceso posterior.

Dios busca verdaderos adoradores

 Algunas veces, me encuentro totalmente inmerso en la adoración a Dios. Siento su presencia de un modo muy fuerte y estoy totalmente concentrado en Él, honrándolo por su grandeza y su bondad. Pero también están esas otras veces en que me encuentro cansado, aburrido, quebrantado por alguna relación, con dificultades para concentrarme y en las cuales no llego a adorarlo como quisiera.

Recuerdo una experiencia en la que realmente estaba adorando a Dios. La banda de adoración era excelente ese domingo. Pude dejar de lado las distracciones normales y concentrarme por completo en Dios. Pero lo más importante fue que la canción que entonábamos me atrapó. Se basaba en la visión que el profeta Isaías tuvo de Dios (Isaías 6:1–9):

Vi al Señor sentado en un trono alto y exaltado y la falda de su vestidura llenaba el templo. Por encima de Él estaban los serafines, cada uno tenía seis alas: Con dos se cubrían la cara, con las otras dos los pies y con las otras dos volaban. Y se decían uno a otro:

"Santo, santo, santo, Jehová de los ejércitos;
toda la tierra está llena de su gloria".

Con el sonido de las voces temblaban los marcos de las puertas y el templo se llenó de humo.

Esta fue la visión con la cual Dios me cautivó aquel domingo. Él es el Señor todopoderoso, el Maestro con poder absoluto, el Creador y

Soberano de todo pueblo, del universo entero y de todo lo que existe y sucede allí. Como Rey de todo, está de un modo simbólico sentado en el trono. Para los reyes de la antigüedad el trono era el lugar de autoridad y poder, desde donde gobernaban y ordenaban con soberanía. Como Señor, está en lo alto y es exaltado, las dimensiones espaciales nos presentan a Dios por encima de todo, sobre cualquier autoridad humana y poder angelical. Nada puede compararse con su majestad, Él es absolutamente único, imponente en perfección, asombroso en belleza, abrumadoramente glorioso.

Unas extrañas criaturas voladoras llamadas serafines (probablemente seres angelicales) rodean a nuestro exaltado Dios. Los serafines repiten juntos un coro de alabanza:

"Santo, santo, santo, Jehová de los ejércitos;
toda la tierra está llena de su gloria".

Reconocen y proclaman que nuestro Dios es santo por completo, exaltado por encima de todo y perfectamente puro. Su santidad es tal que la gloria que irradia llena el mundo entero con su esplendor. La intensidad de la alabanza de los serafines es tan magnífica que sus repercusiones hicieron temblar el templo, los decibeles son tan altos que sacudieron el lugar donde moraba la presencia de Dios. Y el mismo templo se llenó de humo; nuestro Dios es un fuego consumidor que destruye con su mera presencia cualquier cosa que no alcanza su perfección.

No es de extrañarse que Isaías haya tenido la reacción que vemos cuando tuvo esta visión de Dios: "¡Ay de mí! que soy muerto; porque siendo hombre inmundo de labios … han visto mis ojos al Rey, Jehová de los ejércitos" (v. 5). En la presencia de nuestro poderoso y santo Dios, no puede haber ningún otro grito que el de la completa desesperación. ¿Quién puede pararse delante de la presencia de nuestro Rey exaltado? ¿Quién puede acercarse a la presencia de nuestro todopoderoso Señor con las imperfecciones y los pecados que nos rebajan? Percibir una visión de Dios, o mejor dicho, ser cautivado por la misma, es algo que nos deja con una sensación abrumadora de que no tenemos esperanza de disfrutar a un Dios tan perfecto y puro.

Aún así, Isaías dice que hay esperanza para nosotros: "Y voló hacia mí uno de los serafines, teniendo en su mano un carbón encendido, tomado del altar con unas tenazas; y tocando con él sobre mi boca, dijo: He aquí que esto tocó tus labios, y es quitada tu culpa, y limpio tu pecado" (vv. 6–7). El carbón encendido simbolizó para Isaías el acto de la gracia de nuestro Dios santo para limpiarlo de su pecado. Dios mismo lleno de misericordia viene a nuestro rescate y nos restaura ofreciéndonos una relación de amistad con Él.

Una relación de gracia y perdón con nuestro Dios santo nos cambia a nosotros y a todo lo que nos rodea. Isaías lo sabía al finalizar el relato de su visión: "Después oí la voz del Señor, que decía: ¿A quién enviaré, y quién irá por nosotros? Entonces respondí yo: Heme aquí, envíame a mí" (v. 8).

Llegar a conocer a Dios mediante la experiencia de su misericordia nos hace sensibles y nos prepara para responderle con confianza y obediencia. Isaías oyó a Dios suplicar para que alguien lo sirviera. Él fue ese alguien y ofreció la vida para servir al Señor. Para cualquiera que es cautivado por una visión de Dios mediante la adoración, la vida cobra un nuevo sentido. La adoración de nuestro Señor santo y exaltado nos cambia de un modo radical. Llegamos a serles fieles y obedientes. Esta es exactamente la manera en la que Dios nos diseñó: para que seamos portadores de su imagen.

PARA REFLEXIONAR Y PONER EN PRÁCTICA

Quiero presentarte un desafío final. Quizá esperas que te inste a adorar a Dios con mayor fidelidad y pasión de la que has tenido en el pasado. Sería una buena idea y espero que este libro te haya dado muchos elementos por los cuales puedas adorar a Dios. Sí, Dios es digno de que lo honremos y alabemos, por lo tanto, alábalo como nunca lo habías hecho antes.

Pero este no es el desafío final. Quiero que te sorprendas con lo que dijo Jesús: "Mas la hora viene, y ahora es, cuando los verdaderos adoradores adorarán al Padre en espíritu y en verdad; porque también el Padre tales adoradores busca que le adoren" (Juan 4:23).

¡Jesús mismo nos dice que Dios busca a las personas para que lo adoren! Se supone que este libro, como parte de la serie "En busca de la verdad", debe tratarse de nuestra búsqueda de Dios, pero ahora Jesús nos habla de otra búsqueda, la búsqueda de Dios de adoradores auténticos. La razón por la cual el Padre nos busca para que lo adoremos es un misterio que va más allá de nuestro entendimiento. Pero de algo estoy seguro: como fuimos creados a su imagen, Dios nos busca para que lo adoremos.

Entonces haz la voluntad de Dios. Complácelo. Adóralo con fidelidad y pasión, no sólo porque Él es el único digno de recibir la honra y la alabanza, sino también porque te está buscando a ti para que seas un auténtico adorador.

Reconocimiento

Muchas personas y recursos han contribuido al desarrollo de mi teología, pero ninguno más que mi buen amigo Wayne Grudem. Gran parte del material de los capítulos 4, 6, 7, 8 y 9 reflejan esta influencia y expresión en su libro *Systematic Theology: An Introduction to Biblical Doctrine* (Teología sistemática: Una introducción a la doctrina bíblica) Leicester: InterVarsity y Grand Rapids: Zondervan, 1994.

Notas

Capítulo 1

1. "*Evidence of God*" (Evidencia de Dios) Geoff Moore/Roscoe Meek, © 1995 Songs On The Forefront/SESAC/Starstruck Music/ASCAP, todos los derechos reservados por EMI Christian Music Publishing, usado con permiso.

Capítulo 3

1. Westminster Shorter Catechism, pregunta 4, de Philip Schaff, "*The Creeds of Christendom*" (Los credos de la cristiandad) volumen 3: "*The Evangelical Protestant Creeds*" (Los credos evangélicos protestantes) Grand Rapids: Baker, 1931, 676–77.

Capítulo 5

1. "*Big Enough*", Chris Rice, © 1998 Clumsy Fly Music, del álbum "*Past the Edges*" publicado por Rocketown Records, usado con permiso.

Capítulo 7

1. "*Chorus of Faith*", Michael Card/Phil Naish, © 1994 Birdwing Music/Davaub Music/ASCAP, todos los derechos reservados por EMI Christian Music Publishing, usado con permiso.

2. "*Breathe*", Marie Barnett, © 1995 Mercy/Vineyard Publishing, todos los derechos reservados, usado con permiso.

Capítulo 8

1. Credo de Nicea y Constantinopla (381 d.C.) con el agregado del *filioque* ("y el Hijo") por Sínodo de Toledo (d.C. 589), de Philip Schaff, "*The Creeds of Christendom*" (Los credos de la cristiandad), volumen 2: Los credos del griego y latín. Grand Rapids: Baker, 1931, 59.

Capítulo 9

1. Michael Behe, *Darwin's Black Box*. New York: Touchstone, 1996, 42–43.

Capítulo 10

1. Adaptado de D. A. Carson, *"How Long, O Lord?: Reflections on Suffering and Evil"* (¿Cuánto tiempo, oh Señor? Reflexiones sobre el sufrimiento y el mal) Grand Rapids: Baker, 1990, 201.

Capítulo 11

1. *"Mary Baker Eddy, Science and Health with Key to the Scriptures"* (Ciencia y salud con claves para las Escrituras) Boston: The First Church of Christ, Scientist, 1994, 480 (23, 24).

2. David Hume, *"Dialogues Concerning Natural Religion"* (Diálogos referentes a la religión natural), parte 10, en *"The Empiricists"* (Los empiristas) New York: Anchor Books Doubleday, 1990, 490.

3. Adaptado de John Feinberg, *The Many Faces of Evil* (Las muchas caras del mal), Grand Rapids: Zondervan, 1994, 347-48.

Capítulo 12

1. C. S. Lewis, *"The Problem of Pain"* (El problema del dolor) New York: Macmillan, 1962, 93.

Capítulo 13

1. *"The Power of a Moment"* (El poder de un momento), Chris Rice, © 1998 Clumsy Fly Music, del album *"Past the Edges"* publicado por Rocketown Records, usado con permiso.